トラブルをドラマに変えてゆく教師の仕事術

新指導要領に対応した特別支援教育で学校が変わる！

学芸みらい社
GAKUGEI MIRAISHA

まえがき

新学習指導要領では、全ての教科に、次に示すような文言が加わった。

「障害のある児童などについては、学習活動を行う場合に生じる困難さに応じた指導内容や指導方法の工夫を計画的、組織的に行うこと」

（小学校学習指導要領　各教科の「指導計画の作成と内容の取扱い」）

ポイントは、障害の特性に応じた指導ではなく、「学習活動を行う場合に生じる困難さに応じた指導」である。しかも、各教科においてである。これは、困難さを前もって想定した教材研究や準備が必要となることを意味する。

また、各教科ということは、研究授業の際に作成する学習指導案の中にも「困難さに応じた指導・支援」が必要となる場合もあるだろう。これだけでも、学習指導が大きく様変わりすることが分かる。

さらに、「指導内容や指導方法の工夫を計画的、組織的に行うこと」とある。

これは相当にハードルが高い。これができていると、胸を張って言える学校がどのぐらいあるだろうか。

「計画的・組織的」であるから、一人の教師・学級だけでは達成しない。

つまり、計画的な研修や職員一人一人のレベルアップが必要となるのである。校内において、そのような体制や計画が示されていなければいけない時代になるのである。

さて、ここで一つ疑問が出てくる。

「学習活動を行う場合に生じる困難さ」とは何か。

「平成二七年一二月一六日　教育課程部会　特別支援教育部」（第三回）資料4の中に「各教科等における障害に応じた配慮事項について（検討例）」がある。

この中で、「困難さの例」として次のような記述がある。

《情報入力》見えにくい　聞こえにくい　触れられない　など
《情報のイメージ化》　体験が不足　語彙が少ない　など
《情報統合》色（・形・大きさ）の区別が困難　聞いたことを記憶することが困難
位置、時間を把握することが困難　など
《情報処理》　短期記憶、掲示処理や同時処理が困難　注意をコントロールできない　など

これまでは、障害別の配慮の例が示されているだけであった。例えば、ADHDや自閉症の子には、「話して伝えるだけでなく、メモや絵などを付加する指導」などである。

これらを比較すると、非常に大きな変化だということが分かるだろう。このような変化の背景には、医学や脳科学の進歩がある。

しかし、これらの例示に対して、学校現場はほとんど対処できていない。それどころか、全く正反対の指導を行っているケースもある。

そして、いくら方向性が正しくても、具体的なそれぞれの課題への対応方法がなければ、学校は計画的・組

織的に指導内容の計画などできない。もちろん、指導方法の工夫も同じである。

本書は、その具体的な対応方法をまとめた本である。

「困難さの例」としてあげられている項目を中心に、学校現場でよく生じる困難な事例に対する対応策を述べた。また、「計画的・組織的」という課題に対して、校内での研修システムや中学校区での取り組みも紹介している。

新学習指導要領で示された今後の取り組みに対して、学校現場で何ができるか。そのことをまとめた内容になっている。

本書が学校現場が抱える様々な問題に対して、解決策の一助となることを願っている。

小野隆行

目次

第2章

生活場面での障害に応じた指導上の工夫……57

第3章　障害の状態を適切に把握するから効果的な指導ができる……107

第4章　チームとして学校力を高める特別支援コーディネーターの仕事……137

第7章

幼児期からの教育で小一プロブレムをなくす……181

第1章

学習場面での障害に応じた指導上の工夫

❶ 音読が苦手
❷ 漢字を覚えるのが苦手
❸ 指示を字義通りに理解する
❹ 短期記憶が弱い
❺ 行事に参加できない
❻ 失敗を認められない
❼ 知能の遅れがある

新指導要領では……

全ての教科に、次に示すような文言が加わった。

「障害のある児童などについては、学習活動を行う場合に生じる困難さに応じた指導内容や指導方法の工夫を計画的、組織的に行うこと」

（小学校学習指導要領　各教科の「指導計画の作成と内容の取扱い」）

新指導要領では、学習場面で障害に応じた指導上の工夫が求められている。

しかし、効果的な工夫を実践できている教師は、残念ながら少数である。どうすればいいのか困っているというのが現状だろう。

第1章、第2章を通して、私の実践を通して困難さに対する工夫を述べていく。

まず、第1章では、各教科の学習の場面での困難さに対応した事例をあげる。

特に、全ての学習の基礎となる「読み」「書き」についての実践をとりあげている。

ほとんど読むことができなかった子や漢字テストが0点といった子が、特性をふまえた日々の指導で大きく変化していった。

1 音読が苦手

一　音読が極端に苦手な子をどうするか

音読が極端に苦手な子がいる。一文字一文字拾うように読んでいる。

会話はなんとかできるのに、音読になるとできない。そういった子にどのように指導したらいいのだろうか。

二　脳の回路で考える

音読を脳の回路で考えてみると、何が苦手なのかがよく分かる。

学習で使う脳の回路は、おおざっぱに言って次の四つである。

【入力】		【脳】		【出力】
①目（視覚入力）	→	脳	→	音声出力
②目（視覚入力）	→	脳	→	書く
③耳（聴覚入力）	→	脳	→	音声出力
④耳（聴覚入力）	→	脳	→	書く

以上の①～④は、どんな学習にあたるだろうか。それをすぐに言えなければ、指導する時に脳の回路を意識していないということになる。

学習の際、情報はおおざっぱに言って「目」と「耳」から入力される。逆に、出力する方法としては、「音声」と「書く」ことであることが多い。

①音読
②視写
③会話、問答
④聴写

①～④は、それぞれこのようになる。
音読が極端に苦手ということは、

目（視覚入力）→脳→音声出力

どこかが、上手くいっていないということが分かる。
この回路もさらに細分化できる。

①視覚入力の部分
②視覚入力 → 脳の経路の部分
③脳の中での情報の統合の部分
④脳 → 音声出力の経路の部分
⑤音声出力の部分

荒く言っても、この五つに分けられる。
さらに、「①視覚入力」の部分だけをとっても、さらに分解できる。

①視力の問題
②眼球運動の問題

また、「①視力の問題」についても、さらに細分化できる。

①片方ずつの目の視力の問題
②両目の視力の問題
③近い距離の視力の問題

例えば、③のように、通常の視力検査では全く問題がないのに、三〇センチメートル程度の距離の視力が極端に落ちている子がいるのである。

これは、川端秀人氏の研究によって明らかにされた。このような場合、やはり専門家の助けが必要となるだろう。ぜひ、一度、かわばた眼科のＨＰを訪れてほしい。(http://www.kawabataganka.com/)

三　暗唱を使って、音読の回路を鍛える

私は、音読が苦手な子がいると、暗唱を使って音読の回路を鍛えるようにしている。
一見すると、覚える暗唱の方が、音読より難しく感じられるかもしれない。

しかし、短い文なら暗唱の方が簡単だという子は結構いるのである。

脳 → 音声出力

これが暗唱の時の脳の回路である。

すでに脳の中に、情報が入った状態である。だから、入力は必要ないのだ。

暗唱するとスラスラ言えるのに、同じ詩文を音読させると、詰まってしまう子がいる。それは、脳の回路が違うからである。

私は毎日暗唱を行い、何度も何度も耳から入力ができる状態を作る。そして、詩文を覚えてしまってから、その文を使って音読させるようにしている。

これは、目から入った情報と脳の中にすでにある情報とを合致させようとしていることになる。こうやって、音読の回路を鍛えていくのだ。

詩文は、最初は短いものの方が良い。そして、リズムの良いものを選ぶようにする。

私はこの方法で音読が全くできないという引き継ぎのあった子を何人も改善してきた。

四　普段使っていない回路がある

先ほどの脳の回路の中で、ほとんど学校の授業では使わない回路がある。

それは、「聴写」である。耳で聞いて書くという行為は意識しなければ、なかなか行うことはない。

それなのに、市販テストの中には、「聞くテスト」がある。できないのは当然である。しかも、この聴写は大人になってから非常によく使うものである。

だから、私は事あるごとに、この聴写をさせるようにしている。

最初は、連絡帳を聴写させることから始める。国語、算数など、すでに脳の中にある情報ばかりなので、戸惑いなく取り組める。

五　保護者に音読指導をさせない

ＬＤ・ディスレクシア研究で有名な小枝達也氏の講演を聞いた。

小枝氏が音読の指導について、次のように発言した。

> **私は、親に音読の指導をしないように言っている。**（文責：小野）

このように言う理由を考えてもらいたい。理由はこうだ。

> **なぜなら、親は叱ってしまうからだ。**

保護者が指導すると、どうしても感情的になりやすい。これでは、「読もう」という意欲自体がなくなってしまう。そして、もともと苦手な音読がもっと嫌いになり、学校でも取り組めなくなる。

小枝氏は、指導は専門家や学校の先生が行うと主張した。

しかし、現状はどうだろうか。音読は宿題にして、ほとんどが家庭任せというところが多い。

小枝氏の研究内容は、次のＨＰに掲載されている。

鳥取大学地域学部　小枝研究室
ディスレクシアのページ　http://www.rs.tottori-u.ac.jp/koeda/dyslexia.html

ぜひ、全ての教師が目を通してほしいＨＰである。

小枝氏は、二段階方式による音読指導法を提唱している。

①解読指導
②まとまりを見分ける指導

詳細についてはここでは省くが、それぞれの段階でさらに細かいステップが示されている。

音読というのは、「一文字一文字を正確に読む」ということだけではない。

「ねこ」を「ね」「こ」と読むより、「ねこ」というまとまりで読めるようになることが重要である。

そのためには、ただ読ませればいいのではない。きちんとしたステップで指導しないと、効果はない。

このような細かな指導が、保護者にできるのだろうか？

ディスレクシアは障害なのだから、専門家が教えるべきなのだ。音読指導は、専門家である教師の仕事なのである。

六　音読カードは害になる

音読カードを使った家庭での音読指導は、害にしかならない。

それは、音読カードの項目を見れば明らかだ。小枝氏が提唱しているような音読指導のステップが、カードに反映されているだろうか。

音読カードでよく見る項目には、次のようなものがある。

①大きな声で読んだか
②間違えずに読んだか
③気持ちをこめて読んだか
④なんかい読んだか

①大きな声で読むことは、ディスレクシアの子にとっては、重要なことではない。特に、正しく読めるようになるためには、関係ない。

②間違えずに読んだか。これも、全く意味がない。間違えずに読めるようになるためには、正しい読み方のお手本がいる。それなしに、このような項目があるのは、ステップが大きすぎる。

③は、朗読であって音読ではない。これは、音読がスラスラできるようになってから取り組むべきことである。

④なんかい読んだか。これも回数が多ければ良いということではない。そして、この項目があることで、ディスレクシアの子には害になる。なぜか。それは、次の小枝氏の言葉からはっきりと分かる。

音読の苦手な子は、疲れやすい。長い文章を読ませる。無理矢理読ませると、音読が嫌になってしまう。

（文責：小野）

嫌になってしまうと、指導が入らなくなるのだ。音読が苦手な子の中には、無理矢理練習させられることが嫌で、不登校になるケースもある。だから、小枝氏は次のように述べていた。

一度に長く読ませない。

これは、先ほどの音読カードの内容とは、全く正反対の考え方である。短い文章を負担にならない程度で、少しずつステップを踏んで学習させていく。これが、音読指導の基本なのである。読むことは全ての学習の基本になる。だからこそ、音読嫌いにしてはいけない。全ての教科に影響が出る。このような配慮を踏まえた指導は、家庭ではできない。ましてや、音読カードを使った指導は、誤った指導を助長することになる。音読カードを使った家庭での音読指導は、やめるべきである。

七　段階を分けて個別評定を行う

四月初めに、教科書を使って音読の練習の仕方を教える。

「○を一○個書く」「範読」「追い読み」「交代読み」と手順通りに進める。そして、一人読みとなる。一人一人に読ませて、個別評定を行っていく。ここまでは、誰もがやっていることだろう。

私は、学校で一番大変だと言われる発達障害の子を担当することが多い。

その中で指導が大変なのは、騒ぎまわる子ではなく、全然音読ができない子である。そのような子どもたちも、熱中して取り組み、上手に音読できるように仕組んできた。そのために行ったのは、

個別評定を二段階に分けて行う。

ということである。まず、最初の段階は、

①全員に同じ文を読ませて評定する。

全員が同じ文を読むということは、何度も何度も同じ情報が耳に入ってくるということである。

音読を回路で考えると次のようになる。

①教科書の視覚情報を目から入力し、脳に送る。
②脳の中で情報を操作する。
③音声情報に変えて、口から出力する。

このどこかが上手くいかないから、音読がスラスラとできないのである。

これを全員が同じ文で練習すると、どうなるか。たった一文なので、すぐに覚えた状態になる。つまり、脳の中に情報があらかじめある状態になるのだ。これなら、どんなに音読が苦手な子でもある程度は読める（正確には「言える」）状態になる。その上で、個別評定を行う。

ここでは、「正確さ」「姿勢（教科書の持ち方なども）」「声の大きさ」などを観点とする。

通常、一〇点満点の三点程度を合格ラインとする。何度か読ませれば、すぐに合格する。

読むことへの抵抗を減らした状態で、身につけさせたい最低のラインを突破させるのだ。

そして、二つ目の段階に進む前に、一回目の段階のレベルをもう一歩、上げておく。

五点の読み方に挑戦しなさい。

これで、どの子も声が大きくなる。そして、しっかりとした声が出るようになる。

八　一番できない子が目立たない

第二段階は、当然こうなる。

② 一人一人、違った文を読ませる。

今度は、先ほど合格したイメージをもとに、自分だけで読むことになる。

声の大きさ、正確さ、姿勢など基本的なことは第一段階でクリアしている。

今度は応用編だ。ここを通過すれば、これ以降の音読練習の合格基準が体感として理解できる。「このぐらい読めるようにならないと合格できない」と思うから、自分から進んで練習するようになるのである。

私は、四月の最初の参観日で、一人一人に一文ずつ音読させることが多い。

最初の参観日なので、授業開きから一週間ほどしかたっていない。保護者も子どもも緊張した状態である。

だから、前もって自分が読むところを固定して練習させる。この二段階目の個別評定で読んだ文を、参観日でも読ませるのである。子どもたちには、この時点で参観日に読むことを予告しておけばいい。そうすれば、自信のない子は自分から練習するようになる。

ただ、今度は違った文になるので、困ったことが出てくる。

一番できない子が、保護者の前で読めるかどうか。

学年で一番音読が苦手な子である。今まで、参観日でしっかりと声を出した経験がないという子がほとんどである。しかし、大丈夫である。

第一段階でみんなで読んだ文が、その子の担当する文になる。

つまり、順番に読んでいくと、その子が担当する文を取り上げて、みんなで練習しているのである。この文は、すでにクラスの友達が見ている前で、すでに合格している。つまり、緊張場面を予行演習した状態になっているのだ。

参観日でも、同じように合格・不合格の個別評定を行う。その子が音読が非常に苦手だということは、友達も保護者も知っている。そんな中で、事実で合格するのだ。そのことをきっかけとして、その子も保護者も自信を持って学習に取り組むようになっていく。

2 漢字を覚えるのが苦手

一 なぜ漢字が覚えられないのか

漢字指導で、「指書き」「なぞり書き」「うつし書き」のステップで学習してもなかなか覚えられない子がいる。

特別支援学級で指導している三人の子がそうだった。三人ともＩＱは低くない。しかし、漢字テストの点数がとれないのだ。点数で言うと、二〇点から三〇点というところをうろうろしている。

特別支援学級は個々の時間割もバラバラなので、「指書き」ができたら、個人個人が「空書き」で小野のチェックを受けるというシステムを採用していた。その「空書き」の時にはできているのだが、テストになるとできないのである。なぜこうなるのか。その理由がずっと分からなかった。

そこで、先行実践にもう一度あたってみることにした。

まず、最初にあたったのは、熊本の奥田純子氏の実践だった。

奥田氏は、漢字を習得させるために必要な指書き指導の原則を三点あげている。

【指書き三原則】
①指のはらをつける
②手に何も持たせない
③とめ、はね、はらいをきちんとさせる

そのことを再確認し、子どもの学習の様子をじっと観察していた。

すると、三人のうち二人に共通することがあった。

指書きの時に、

指の「はら」ではなく、指先で書いていた。

一人は「指先」で、もう一人は「つめ」で書いていたのだ。こんな基本的なことを見落としていた。これでできるようになるわけがない。指のはらで書くように指導した。

しかし、それ自体ができなかった。まず、「ゆびのはら」が分からない。ここで書くんだよと、やってみせても分からないのだ。

そこで、子どもの指のはらをさわり、私の手のひらで文字を書かせてみた。これで大丈夫だと机の上に書かせてみた。しかし、これでもできなかった。

力が入りすぎて、指がひっかかっている。

指書きをすると、「きゅっきゅっ」と音がなっている。そして、それが痛いと言う。

発達障害の子の中には、自分の力の調整ができにくい子がいる。この二人もそうだったのだ。

このことは、知識として知っているにもかかわらず、私は「漢字が苦手」という勝手なフィルターを通していたために、見えていなかった。

試しに、私も爪で子どもと同じように書いてみた。これなら、力を入れても痛くないのだ。

私が指先に力を入れて書きなさいと言えば言うほど、爪や指先で書こうとしていたのだ。

力の入れ具合を教えて、指のはらで書かせるようにしてからは、得点が六〇点を下がることはなくなった。

二　指書きの視線はどこか

残りのもう一人は、指のはらをつけて、指書きができていた。しかし、書き順が時々おかしくなっていた。

複雑な字になると途中で分からなくなっていた。

練習を観察していると、指書きの時の視線に違和感を覚えた。

その子の視線は、次のようになっていた。

①手本の大きな字を見て書く。
②自分の指先を見て書く。

つまり、次のことが抜けていたのだ。

書き順を見て書く。

書き順を見ながら書くと、視線は上から下に微妙に移動する。それが、その場にとどまったままだったのだ。

また、いきなり自分の指を見て書いていることもあった。

書き順を見て書くと、自分の指先を見ないことになる。これは、慣れていない子どもにとっては不安で抵抗のあることとである。だから、それを教えて褒めて定着させることが必要なのだ。

「指書き」「なぞり書き」「うつし書き」のステップで学習してもできないという声を時々聞く。

その原因を子ども側に求めるのではなく、その多くは教師側にあるという認識を持つことが何よりも大切なのではないだろうか。

三　いくら言っても声を出さない

漢字スキルで、「指書き」を教える。この時、子どもたちが「まあ、いいか」と手を抜くところがある。それが、「声に出して画数を唱える」ところである。テストで、「線が一本足りない」とか、「点をうつのを忘れていた」という子の多くが、声を出さずに練習した子である。

これは、いくら言ってもなかなか直らない。特に、高学年になると、その傾向が強くなる。「画数を声に出して書くとお勉強ができるようになる」と言っても、低学年のような効果はない。

自分から声に出そうという気にさせる説明が必要となる。

四　海馬と感覚刺激で説明する

脳科学の研究が明らかになるにつれ、向山型指導の有効性が科学の面からも証明されてきている。

漢字指導もそうである。

覚えるためには、記憶を司る海馬に、それが必要な情報であると認識させなければならない。それを認識させるためには、何度も繰り返し海馬に刺激を与えることが必要だ。

そして、さらに効果を上げるには、できるだけ多くの感覚を使って刺激を与えた方が良いという。このように考えると、声に出しての指書きは、目・手・口・耳と多くの感覚を使うすぐれた方法であることが分かる。

声に出すことで、海馬は「それが大事だ」という認識を飛躍的に持ちやすくなるのである。

このことは、漢字学習だけに限らない。「国語の音読」「算数で問題を読む」など、全ての学習に関連している。これら全てを黙って行うのと、声に出して行うのとでは、その差は大きい。

脳科学のアプローチで、「声を出すと勉強ができるようになる」理由が、明確になった。

海馬を使った説明はとても分かりやすい。子どもたちの中に、すっと入っていくはずである。

五　子どもたちにこう語る

①海馬をだませば覚えられる

覚えるというのは、みんなの頭の中にある脳に、そのことをしまい込むということです。

脳の中でも、覚えるということに、特に関係のある場所があります。それが、海馬《かいば》というところです。

ちょうどタツノオトシゴのような形をしているので、海馬と呼ばれています。この海馬が、覚えることと深く関わっているのです。

海馬は、記憶の番人とも言われています。脳の中に入ってきたことが、自分にとって大切なことかそうでないのかを区別するのです。

海馬は、あまり必要でないと思うと、それを覚えてしまわないように捨ててしまいます。

なぜなら、脳の中に入ってきたものを全て覚えようとすると、すぐに脳がいっぱいになってしまうからです。

これでは、すぐに頭の中がパンクしてしまいます。

海馬は、これはとっても大事だと思うことだけを脳の中にしまっておこうとするのです。

だから、何かを覚える時には、海馬に「これは大事なことだぞ」と思わせればいいのです。つまり、海馬をだましてしまえば、覚えることができるというわけです。

②海馬をだます方法

では、海馬に「これは大事だ」と思わせるためには、どうすればいいのでしょうか。

それは、何度も何度も繰り返し、脳に刺激を送ればいいのです。

何度も何度も脳の中に入ってくることで、「おやおや、これは大事なことじゃないのか」と勘違いを起こします。こうなると、しめたものです。

海馬はそれが自分にとって大事なことだと判断し、脳の中に大事にしまっておこうとするのです。

だから、何度も繰り返して覚えるという方法は、科学的にもちゃんと意味があることなのです。

③ 効果のある繰り返し方

何度も繰り返せば、海馬をだますことができると言いました。

しかし、繰り返す方法にも、効果のあるやり方とそうでないやり方があります。

効果のある方法を使えば、繰り返す回数が少なくてすみます。

人間の体には、多くの感覚があります。「目」「耳」「手」「口」などがそうです。

これらを一つだけ使った時よりも、できるかぎり多くの感覚を使った時の方が覚えやすいのです。

例えば、漢字を覚える時に、目でじっと見るだけで覚えられますか？　それだけでは、なかなか覚えられませんよね。では、どうすれば覚えられるでしょうか。

みなさんは、何回もノートに書いて覚えますね。その方が見るだけよりも覚えやすいですよね。

このように、目だけでなく手を使うことによって、覚えることが簡単になります。

できるだけ多くの感覚を使うようにすることが、覚えるためのコツなのです。

④ 脳と関係の深い感覚を使う

体の感覚はいろいろあります。しかし、何でも使えばいいというわけはありません。

感覚の中でも、脳と深い関係があるものと、そうでないものとがあるのです。

「腕」や「足」や「胴体」は、脳との関わりはそんなに深くはありません。

脳との関係が深いのは、「耳」「舌」「指」といった部分です。例えば、人間の指先の感覚は、ネコのヒゲの敏感さと同じぐらいあると言われています。目で見るだけでなく、手を使って書いた方が覚えられるのはそのためです。では、「舌」や「耳」を使うためには、どうすればいいのでしょうか。

⑤「耳」「舌」「指」を使う勉強法

実は、これは、とっても簡単なことなのです。勉強していることを、声に出せばいいのです。声に出すことで、「舌」が使われます。そして、それを自分の耳で聞くことになります。そのことで、「耳」を使うことにもなるのです。

漢字のお勉強で考えてみましょう。まず、最初に何をしますか。最初は、「指書き」をしますね。机の上に指で書くのですね。これで、感覚のするどい指先を使うことになります。

そして、もう一つ「指書き」で大事なことがあります。それは、画数を声に出して唱えることです。画数を唱えることで、「舌」「耳」も使うようになります。これで、脳に関係の深い全ての感覚を使ったことになります。このように、声に出して書くからこそ、海馬が「大事だ」と勘違いしてくれるのです。

声に出すのが良いことは、漢字だけに限りません。

算数の問題を読む。国語の教科書を何度も読む。「声に出して読む」ことは、全てお勉強でとっても大切なことなのです。お勉強する時には、必ず手を動かして紙に書き、そして声に出して何度もしゃべりながら記憶するようにしましょう。

3 指示を字義通りに理解する

一 話し方一つで大きく変わる

次の指示で、広汎性発達障害の子は手紙に取り組むことはできなくなった。なぜか？　分析してもらいたい。

お家の人に、あさがおが咲いた手紙を書きます。
お花を書いて、手紙を書きます。
お花が咲いていない人は、手紙だけ書きます。

前提として、この子のあさがおは、まだ咲いていなかった。このことから何が分かるか。
まず、考えられることは、次のことである。

自分のあさがおが咲いていないから、まだ手紙が書けない。

このように思ったことは、想像できる。

あさがおが咲いたことを書く
↓
咲いていないから書けない

このような論理になるのは、自然なことだ。
それでは、このような状況の時には、絶対に取り組めないのだろうか。
私は、この事例を聞いて、同じ広汎性発達障害の別の子に、聞いてみた。

こういうふうに言われると、自分は咲いていないからもうダメだって思わない？

（「そうだ」と答える）
じゃあ、次のように言ったらできそうな気がする？
（「それならできそう」と答えた）

では、どのように話したのだろうか？

お家の人にあさがおの手紙を書きます。
あさがお咲いている人は、絵と手紙を書きます。
まだ咲いていない人は、手紙だけ書きます。絵は咲いてから書きます。

二つの説明のどこが違うか分かるだろうか。

最初の指示では、「あさがおが咲いた手紙を書く」となっている。「あさがおが咲いた」と規定されていることになる。このことが気になると、頭がいっぱいになってしまうのである。ニキ・リンコ氏の『俺ルール！——自閉は急に止まれない』（花風社）の中でも、同じような事例が出てくる。最初の言葉で、脳の中が全画面表示になってしまい、後からの情報が入ってこないのだという。

つまり、この場合「あさがおが咲いた手紙を書く」という情報で、頭がいっぱいになってしまったということになる。だから、最初に提示する言葉は、軽々しく言ってはいけないのだ。

私は最初に、「あさがおの手紙を書く」という事実を伝えた。その上で、咲いている人、咲いていない人という選択肢を与えた。これならできるのである。別の男の子が、「あ、それならできる」と、あっさりと答えたことにも意味がある。この事実は、ほんのちょっとした違いでも、子どもにとっては分かりやすい言葉とそうでない言葉があるのだ。

二　教師の言葉は変更できない

ＡＳＤの子どもにとって、教師の言葉は絶対である。

ある学習で、教師が次のように指示した。


分からない時は、Aちゃんに教えてもらいなさい。


この指示が、トラブルを引き起こすことになる。

ＡＳＤの子が、分からない状態になっていた。

その時、隣の席のＢ君が、この子に教えようとした。この子は、どう反応しただろうか。


イライラして、無視をした。


なぜ、このような態度をとったかは、分かるだろう。この子は、Aちゃんに教えてもらうことになっていたからだ。だから、隣のＢ君の助けは邪魔なのである。

もし、アドバイスを受ければ、先生の指示に違反したことになる。そこから逃れられないのが、障害の特性である。

しかし、教師は「Aちゃん以外から教わってはいけない」とは当然思っていない。だから、その行動が読み取れない。だから、このような時、叱られるのは無視をしたＡＳＤの子の方になる。

しかし、この時に叱られても納得ができない。なぜなら、先生の言った通りにしたのだから。

さらに、周りの子が無視をしたことに注意を始める。

すると、この子のイライラはだんだんと大きくなってくる。最終的には、怒って周りの子に文句を言う。そこで、先生の介入となる。

さて、この場合、悪いのは誰だろうか。この子だろうか。周りの子だろうか。

私は、この様子を聞いてすぐにピンときた。

そこで、この子に聞いてみた。


Aちゃんじゃない人から教えてもらったから、聞かなかったんでしょ。

（すぐに、「うん」と答えた）

嫌がっているのに、違う人から次々と言われたから、どうしていいかわからなくなったの？

（「そう。もうみんなが次々に言ってくるから、頭の中がこんがらがっちゃって、どうしていいかわかんなくなった」と答えた）


悪いのは、この子だろうか？

私は、そういう時は、B君に教わっても良いということを教えた。トラブルや事件があった時は、ソーシャルスキルを学ぶチャンスである。ソーシャルスキルを学習させる場なのだから、感情的になってはいけない。淡々とした中で話をしていくのがコツである。

三　まずは同意する

ASDの子が、連休の合間に学校に来るなり、すぐにキレた。

なんで、こんな中途半端な日に、学校があるんだ。

この子の言葉に、どう対応するだろうか。

通常は、このような対応が多いのではないだろうか。

学校で決まっていることだから、仕方がないでしょう。

しかし、この対応ではA君のようなタイプの子は納得できない。私はこう対応した。

「A君……」と力強く呼び、しばらく間をあけた。そして、「A君の意見に賛成!」と力強く同意した。

A君は、あっけにとられていた。その上で、私は「休みがあったり、学校があったりと不規則だと、体が慣れないんだよなあ」と話した。A君は、「そうなんだ! 体がしんどい」と同意した。

このやりとりで、A君の怒りはほとんど消えていた。

そして、「学校で決まっていることだからなあ、何とかしてあげたいんだけどなあ。急に変えるのは難しいよねえ」と、A君に問いかけた。すると、A君は「それは無理でしょ」と答えたのである。

この二つの対応は、同じように見えて実は全く考え方が異なっている。

前者は「理由を説明しようとしている」のに対し、後者は「そう思ったこと自体を認めようとしている」のである。「嫌だ」と思うことは、別に悪いことではない。本人がそう思っているのだから、その感情は尊重したい。中身の問題は、その後で良い。まずは、同意することが大切なのである。

前者の対応では、その感情自体を否定していることになってしまう。だから、納得できないのだ。

また、脳の働きで考えると、よく分かる。

前者の対応は、ルールや考え方を学ぶ「前頭葉」への働きかけである。一方、同意することは、感情へのアプローチである。これは好き嫌いを判断する「扁桃体」への働きかけになる。

前頭葉は、扁桃体が安定した状態でないと、効果的に働かない。だからこそ、まずは扁桃体への働きかけが必要なのである。

「同意すること」は、まさに、扁桃体を安定させることにつながる。この原則を知っていると、対応は大きく変わってくる。

4 短期記憶が弱い

ADHDの特性を理解する（ワーキングメモリー）

ADHDとは、注意欠陥／多動症のことである。

この障害の特性を理解しておかなければならない。まず、次のことが理解できていないと、ADHDの子に対して効果的な指導をすることはできない。

ワーキングメモリーが少ない。

ＡＤＨＤの子は、人間が行動する時に使う短期記憶が少ない。だから、一度に多くのことを処理できないのである。

例えば、次のような指示ではどうだろう。

教科書の二三ページを開いて、三番の問題をやりなさい。できたら、先生のところに持ってきなさい。

このように指示すると、ＡＤＨＤの子は、「え、今なんて言ったの?」と聞き返したり、「分からん」と取り組まなかったりすることが多い。

これは、理解できないのが当たり前なのである。なぜなら、この指示では、次のように四つのワーキングメモリーを必要とするからである。

①教科書を出す
②二三ページを開く
③三番の問題をする
④先生のところに持っていく

しかし、だからといって、ＡＤＨＤの子ができないというわけではない。

先ほどの指示を次のように変えてみる。

「教科書を出しなさい」と言って、確認する。
「二三ページを開きなさい」と言って、できたら褒める。
「三番の問題を指で押さえてごらん」と言って、確認する。

このように、一つ一つに分ければ他の子と同じようにできるのである。そして、「できた！」と言って、やる気いっぱいで取り組むようになる。

教師の発する言葉次第で、正反対の結果が出てしまう。教師の責任は本当に大きい。

だから、指示や発問は次の原則で行わなければならない。

一時に一事

このことをあらゆる場面で徹底すること。それが、指導の絶対的な原則である。

二　教師の話し方「三つのダメな方法」

ワーキングメモリーを考えると、次のような教師の話も害こそあれ、効果はないと言える。

①長い話
②言うたびに、内容がぶれる
③はっきりしない話し方

①長い話

説明が三〇秒以上になると、まず聞けない。二〇秒でも厳しいだろう。

説明は短ければ短い方が良い。最低でも、いつも一五秒以内で終わるように意識しておかなければならない。

②言うたびに、内容がぶれる

教師のほとんどが、発問や指示を言い直す。しかし、よく聞いてみると、最初と言う内容が変わっていることが多い。これでは、別のことを言っているのと同じになる。

③はっきりしない話し方

話す前に、やたら「え〜」とか「あ〜」とか、いらない言葉が入る教師がいる。

これも、ワーキングメモリーが少ない子にとって、内容を理解するのにじゃまになる。

また、語尾がはっきりしない教師も多い。これも理解が困難になる。中には、「〇〇をする時は……」と語尾を省略する教師もいる。これも同じ。その子が困っていることに気づいていない。

教師が話す言葉は短くてぶれないこと。そして、はっきりとさせることが大切である。

三　褒めてやる気を出させる

ＡＤＨＤの子の多くは、学校生活での成功体験が少ないので、褒められた経験が圧倒的に少ない。

これでは、やる気が持てないのも当たり前である。そのためには、意図的に褒める場面を教師が作り出すことが必要である。例えば、「教科書をさっと出した」「一番に手をあげた」「姿勢が良い」など、いくらでも褒める材料はある。

そのような場面を教師が見逃さないことが、大切である。

四　教師の善意が子どもを傷つけている

教師の良かれと思ってやっていることの多くが、障害のある子を苦しめている。

この事実を知って、今までの自分の行為を反省した。それが、特別支援教育を学ぼうと思った原点である。学んでいくと、多くのやってはいけないＮＧの対応が分かった。そして、自分がしていたＮＧの行為は、山のようにあった。

例えば、先ほども触れたが、以下のようなやり取りをしていたことに気がついた。

次のような事例は、何がＮＧなのだろうか。

教科書の三五ページを出して三番の問題をやりなさい。できたら先生のところに持ってきなさい。

このように言うと、障害のある子は決まって、次のように言っていた。

え？　先生、どこやるの？

この時、私は次のように言っていた。

先生は一回しか言いません。聞いていない人が悪いんです。

こう言うと、その子は涙ぐんだ。さらに、同じようなことが続くと、

この間もそうだっただろう。何回言えば分かるんだ。

こう厳しく叱責した。その子は机に突っ伏して何もしなくなった。

さすがに、これではいけないと反省した。そして、次の方法をとった。

ゆっくりと丁寧に話すようにした。

しかし、これも全くダメだった。最初はニコニコして聞いているが、話し終わると、ぽかーんとした顔をしているのである。全く指示が分かっていない。

私がとった二つの方法、「叱責する」「丁寧に言う」は、どちらもＮＧの行為だった。

それは、発達障害について学べば、すぐに分かる初歩の初歩の内容だった。

発達障害の子は、ワーキングメモリーの容量が少ない。

だから、一度に多くの事柄を話しても脳の中に記憶されないのである。また、ゆっくり言うと、当然前の内容は消えていく。だから、これも良くないのだ。

このような指示を出す時は、一つ一つ区切って言えばいいのである。

「教科書を出しなさい」

「三五ページを開きます」

このように、短くテンポ良くやっていけば何の問題もなくできるのである。長い指示を出すということは、がんばってもできないことを強いられていることになる。そして、それを叱責され続けるとどうなるだろうか？

「どうせ自分はできない」「ダメな人間なんだ」と思うようになる。

発達障害の子の成長にとって、もっとも大切な自尊感情を、教師がズタズタにしていることに他ならない。大勢の前でこのように叱責を受けていると、今度は二次的な障害に発展していく。それが、反抗挑戦性障害である。こうなると、何にでも反抗するようになり、暴力行為も増えてくる。

障害であるから、ちょっとやそっとでは良くならない。

教師のＮＧな対応は、新たな障害を生み、その子の人生をぼろぼろにしていくことになるのである。

だから、私たちは、何が正しくて何がＮＧな行為なのかを学ばなければならない。

五　腹がたつと相手をたたく子への対応

次の事例を考えてもらいたい。何が原因で、どうすればいいのだろうか。

三年生、自閉症の子。

腹がたつと相手を傘や笛でたたく。

Ａ　厳しく叱る。
Ｂ　やさしく「たたいてはいけません」と注意する。

この場合、ＡもＢもＮＧである。ここでのポイントは、この子の頭の中には、正しい行為の選択肢がないということである。

だから、最悪な方法は厳しく叱ることである。厳しく叱られると、どうしていいか分からなくなり、パニックになるだろう。また、「たたいてはいけません」と注意されると、頭の中にある他の選択肢を選ぶしか方法はない。頭の中には、正しい選択肢がないのだから、多くの場合、さらに悪い選択肢を選ぶことになる。

実は、Ａ、Ｂの対応は私がしてしまったＮＧ対応なのだ。

間違った対応をしてしまった結果、その子は「つばをはく」ようになった。

そこで、私は「腹がたったら、先生のとこに来て、理由を教えてね」と伝えるようにした。そして、私のところに言いに来たら、「よく言いに来られたね」としっかりと褒めた。すると、その子はそれだけでニコッと笑い、怒りも半減したのである。

正しい行為を教えて、できたら褒める。

教師は、「教えて褒める」のである。

医学の世界では、エラーレスラーニングと言う。基礎基本を学ぶ時期には、失敗からは何も学べないというのが、医学界の常識なのである。

六　キレる子への対応

四年生、ＡＤＨＤの男の子。

反抗挑戦性障害の診断を受けている。
上手くいかないことがあると、すぐにキレる。
ある日、給食のジャンケンに負けてキレた。叫びながら物を投げている。

このような時、どのように対応すればいいのか。

A 大きな声で怒鳴る。
B 静かになるまで放っておく。

この場合も、両方ともNGの対応である。

まず、Aの「怒鳴る」というのは、もっとも良くない対応である。怒鳴れば、一瞬静かになるかもしれない。しかし、そのことで、この子の行動は変わらない。私の知る限り、怒鳴った後は余計ひどくなることがほとんどだ。

先に、発達障害の子はワーキングメモリーが少ないということを述べた。これが、ここでも問題になる。怒鳴られたこと自体のショックで、ワーキングメモリーの容量はいっぱいになる。その状態で、正しい指導が入るだろうか。

怒鳴られて指導された後、落ち着いた児童に聞いてみると、案の上、怒鳴られたこと以外何も覚えていなかった。残ったのは、怒鳴られたという事実と、そのことへの憎しみだけだったのだ。

また、放っておくというのもNGである。キレた時、よくその子の様子を観察してもらいたい。構ってもらいたいので、こちらの様子をチラチラと見ていることが多い。そんな時に放っておくと、行動は余計エスカレートしていく。さらに、周りの子に危害を加えてしまう恐れもある。

こういう時には、クールダウンさせることが一番である。正しい行動を指導するのは、落ち着いた状態になってからだ。叱ることと指導とを同時に行おうとするから、余計に状態が悪くなっていくのである。

ここでも大事なのは、「教えて褒める」ことである。その状況を振り返り、どうすれば良かったのかを一緒に考える。自分で方法が見つからなければ、一つ一つ教えていけば良い。そして、次に同じような状況になった時に、少しでも我慢しようとしていたら、大いに褒めるようにする。

キレる子、特に反抗挑戦性障害の子は、集団の中で失敗体験を繰り返し、ズタズタに傷ついた子である。それを取り返すには、教師の対応しかないのである。

ただ、キレた子をクールダウンさせるのも大変なことだろう。ポイントは、「笑顔で穏やかに話しかける」ことである。「腹がたったんだよな。我慢しような」と穏やかに笑顔で接することで、怒りが少しずつ解けていく。このような一つ一つの対応を一〇、二〇と学んでいくと、対応のポイントが見えてくる。そのポイントが分かれば、瞬時の場面での応用が可能となる。

教師の対応次第で、子どもは大きく変化する。子どもたちの未来を左右するのが教師という仕事である。私たちはもっと、正しい知識、対応を学んでいく必要がある。

5 行事に参加できない

行事に、異様なまでに固執する教師がいる。

例えば、運動会。例えば、学習発表会。行事でしか学べないこともあるが、過度な指導は子どもたちを追い詰めていく。

一　不安定になった運動会の練習

ＡＤＨＤの子は、運動会の練習が苦手である。見通しが立たないことは、苦手なのだ。いつもと違うことは、生活のリズムを狂わせる。

運動会の練習期間中、Ａ君はずっと調子が良くなかった。いつもならできることが、できなくなる。

全体練習の後は、いつもこんな様子だった。

> 教室の机の上は、今着ていた体操服が脱ぎ散らかされている。関係のない教科書やノートが散乱している。筆箱は床。鉛筆・消しゴムがごろごろと転がっている。探している教科書はなかなか見つからない。イライラしているのが一目で分かる。

授業は、こんな状態でスタートする。こんな時に何を言っても効果がない。黙って拾い、教科書を出してやるが、イライラは授業中ずっと続く。

全体練習のある日は、朝から気が気でない。学年練習も苦手だ。他のクラスの友達の発言や行動、いつもと違う刺激に敏感に反応する。関係ないことにくびを突っ込んでは、トラブルを起こすのだ。

運動会の練習期間が早く終わってくれること――。毎日、ただそれだけを願っていた。

二　学年での協力と批判

ある年のA君は、すさまじかった。いつも目がつり上がっていて、気に入らないとすぐに暴れ出す。毎日のように教室を飛び出す。反抗挑戦性障害を引き起こした彼を誰も指導できなかった。

そのころのA君の片鱗が、運動会期間中は、毎日のように見え隠れしていた。このままでは、せっかくのいい状態がまた、元に戻ってしまう。

そこで、学年合同の練習時間を短くしてもらった。できるだけクラスで練習し、合わせるところだけを行うよう申し合わせた。これで、運動会前でもクラスの体育の時間が持てるようになった。

普通の時間割とほぼ同じ状態で過ごせるようになると、A君の状態が次第に落ち着いてきた。

6　失敗を認められない

一　ASDの子に×をつけるか？

TTの関係で、一学期は向山型算数ができなかった。それが二学期から指導できるようになった。

私が最初に指導したのは、ノート指導だった。

> 上と下は一行か二行あけなさい。
> 問題と問題の間は、指二本分あけるのですよ。

このように指示し、ノートを持ってこさせた。予想通り、次々とやり直しが続く。そんな時、自閉症スペクトラム障害のA君もノートを持ってきた。見てみると、案の上、くっつけて持ってきた。

A君は、やり直しが大嫌い。他の教科でやり直しをさせた時も、「なんで！」と叫んで取り組まなくなったこともあった。

二学期になって、初めて算数の指導を小野が行う。当然、最初が肝心だ。しかし、A君はこだわりが強い。どうするか？

二　原則「周りを使う」

私は黙って×をつけた。A君の反応はこうだった。

> なんで！　いやだもん！

そう叫んだのだ。そして、A君の拒否反応はさらに続く。鉛筆を強く押しつけながら書く。だから、鉛筆がぼきぼきと折れている。さらに、足でどんどんとやっている。

さて、先生方ならどのように対処するだろうか。

私は、原則「周りの子を使う」手法をとった。

> すごいね。×をつけてちゃんと直してきたんだね。こうやって、やり直しができる人がお勉強をできるようになっていくんだ。えらい！

そうやって、他の×をつけてやり直しをしてきた子を褒めた。力強くである。
当然、A君の目にも入っている。ただ、ここで終わってはいけない。もう一手必要だ。

今、直そうとしている人？

そう聞いて、手を上げた子を力強く褒めた。

人の良いところをすぐに真似できる人は、それだけで優秀です。できるようになっていく人は、みんなそうです。

ここまで言って、A君はやっと問題にしぶしぶ取り組み始めた。

三　ノートを持ってきたA君への声かけ

やっとA君がノートを持ってきた。しかし、なにやらぶつぶつ言っている。しかも不機嫌そうだ。私は、持ってきたことを力強く褒めた。「力強く」というのが大切である。「力強く」だから、何の疑問もなく褒め言葉が入っていくのである。
そしてもう一つ、ここで私がしたことがある。何だろうか。想像してもらいたい。

みなさん、A君のノートを見てご覧なさい。ちゃんと×がついています。ちゃんと×がつけられる人が、勉強できるようになるのです。

こう言って、みんなに紹介したのである。

A君が先ほどまで怒っていたのは、みんな知っている。やり直したことを評価することで、A君も認められるし、周りの子も間違えたら直そうとするだろう。

また、みんなの前で取り上げられたことで、×をつけてやり直したことが成功体験になる。

A君はその後、間違いには自分で×をつけながら全ての問題を解き、満足そうに授業を終えた。そして授業後、A君を呼んで、「怒っていたのに、気持ちを切り替えてやり直したこと」を褒めた。行動を強化したのである。

四　翌日も×がついたA君

翌日の算数の時間、A君はまた間をあけずに計算を書いてきた。当然×をつける。

A君は、「え〜」と文句を言った。そんなにすぐには変わらない。しかし、変化したことがある。

文句を言った後、すぐにやり直しをした。

その場で、「すぐに直したこと」を力強く褒めた。望ましい行動を褒めて強化していくことが、指導の基本である。

五　三時間目の変化

そして、三時間目。また、A君は書き方を間違えた。しかし、明らかに変化していた。

自分で気づいて、×をつけてやり直した。

ここで私たち教師は何をしなければならないのだろうか。こんなチャンスを逃す手はない。

私は、次の二つを行った。一つ目は、できるようになったことを褒めたこと。

そして、もう一つは次のこと。

ノートに×がついているかを全体に聞いた。

ここでA君の手が上がった。そのことをめちゃくちゃ褒めた。向山型算数では、間違いがあった場合には、消しゴムで消さずに、×をつけることを指導する。後々ノートを見直した時に、自分の間違いから学ぶことも多いからである。

三時間目になって、A君以外の子が少しルーズになって消しゴムを使っていた。

A君はちゃんと間違えた問題に×をつけていた。

ここで逆転現象が生まれた。その後、A君のノートはとてもきれいになっている。

六　宿題では力はつかない

宿題をたくさん出す先生が良い先生だ。

このように錯覚している保護者がかなりいる。

宿題ではほとんど力はつかない。

このことを話すと、びっくりする保護者もいる。では、何のために宿題を出すのか。

家庭での学習習慣をつけるためである。

このことを踏まえて考えれば、担任している教師のレベルがすぐに分かる。

いくつかチェック項目を挙げてみよう。

①新出漢字の練習を宿題にしているか。

漢字の指導は、授業の中で行うことになっている。

だから、漢字は家で覚えなさいと言うのは、指導の放棄である。

②算数教科書の練習問題がいつものように宿題となる。

これも授業時間で、教科書をまともに扱っていない証拠。教科書を使わずに授業するのは、法令違反である。

練習問題をさせてみると、解き方を理解していても、半数以上の子が間違えるのが普通だ。

授業での練習問題の場が、大切な習熟の場となっているのだ。それを宿題で行うのだから、効果は薄れる。

七　発達障害の子への影響

以上のような宿題の出し方では、学習に効果がない。それどころか、発達障害の子にとっては、悪影響を及ぼすことが多い。

指先が不器用な子がいる。微細運動障害という。発達障害の子の中に多くいる。軍手を二枚はめたのと同じような感覚だという。その子たちは、漢字を鉛筆で書きながら覚えようとすると、なかなか覚えられない。体験してみれば分かるが、上手く書けないので、そのことばかりが気になるのだ。

だから、覚える時には、机の上に指で書かせれば良い。これだと、指先が不器用でも覚えやすい。

このような配慮が必要であるにもかかわらず、「宿題で覚えなさい」とやるのだから、できるようにはならない。そして、「自分はできない」とセルフエスティームが下がっていくのである。

覚えるのは学校で、家ではその復習をする。それが望ましい宿題の形態である。

漢字だけでなく、算数の教科書の問題でも同じである。そもそも家での宿題は、発達障害の子を持つ保護者にとっては大きな負担であることを教師は知っておかなければならない。

宿題をこなすために、どれだけ保護者が時間と労力をかけているか。家庭で叱責されるほとんどが、学校の宿題がらみである。もっとも大切な生活習慣や親子関係の形成が、宿題によって妨げられているケースが非常に多い。

7 知能の遅れがある

一　発達の差を補う指導が必要

境界知能とは、杉山登志郎氏によればＩＱ七〇～八四と定義されている。

学年が進むにつれて、実際の年齢と精神年齢との差が開いていくのだ。

一年生では、五歳児に一年生の内容を教えていることになる。

ちなみに、一年生で一〇の合成分解を学習するが、境界知能の子の中には、数の概念ができあがっていない子もいる。そのような状態の子に、他の子と同じ内容を同じように学習させていることになる。

このように考えていくと、二年生の段階では、幼稚園の年長から一年生の子に、くりさがりの引き算を教えているのと同じである。また、三年生では、わり算を一年生に教えているのと同じになる。

これは、相当大変である。

このことを私たち教師は、いつも意識して指導しているだろうか。

発達の差を補うような指導が、教師に求められているのである。

二　発達の差を埋める教具とエラーレスラーニング

三年生でわり算の学習を行う。

この学習で、子どもたちが躓くところは、どこだろうか。それは次のことである。

九九を間違う。

わり算は、既習事項であるかけ算を使って考えていく。だから、九九が定着していないと当然ながら学習はできない。境界知能の子の多くが、九九を定着していないと予測できる。

このような時、発達の差を補うためにもっとも適しているのが、「計算九九尺」である。九九尺を使うことで、かけ算を習得していない児童でも当該学年の「わり算」の学習が可能となる。「九九が分からないだけで、わり算は理解している」というのは大人の論理である。子どもはそうはとらない。子どもは、「僕はわり算ができない」と感じるであろう。

このような積み重ねの中で、やる気が継続するはずがない。放っておけば、境界知能の児童は、どんどん発達の差が重くのしかかってくることが分かるだろう。

三　発達の差を埋める挿絵を使った指導

発達の差を埋めると聞いて、すぐに思い出すのが、挿絵を使った向山氏の指導である。挿絵を使ってから、線分図に入る。例えば、次のような問題である。

> ノート一冊と鉛筆六本を買って七二〇円払いました。ノート一冊は一二〇円でした。鉛筆一本の値段はいくらでしょう。

これをまず、挿絵を使って理解させる。

ノートの絵を○で囲ませ一二〇円と書かせる。鉛筆六本を○で囲ませ、一本の値段を求める式を書かせる。600÷6となる。一本は一〇〇円。このように挿絵を使って分からせてから、線分図へと進む。

複雑な問題や、分かりにくい問題は、一度分からせてから、解き方へと進んでいく方法がある。この方法を知った時は衝撃だった。一度分かっているので、発達障害の子も安心して取り組むことができた。

四　百玉そろばんは発達の差を二重に埋める

先ほどの挿絵で分からせてから、解き方を考えていくという進め方は、百玉そろばんでも活用できる。百玉そろばんを使えば、かたまりを視覚で意識させられる。数の概念が獲得できていない子も数えることで学習に取り組める。計算の学習は、ほとんどが百玉そろばんで学習できるので、教科書に入る前に、本時の内容を百玉そろばんで理解させるのも有効な方法である。

また、毎時間の百玉そろばんの効果は、素晴らしい。数唱、二とび、五の合成、一〇の合成などを短い時間で、繰り返し学習することができる。

発達の差を埋めるための学習は、現実問題として、授業の中で確保するのは難しいと考えられてきた。現場では、一斉指導ではなく個別指導でないと無理だという意見が圧倒的に多い。

しかし、それを百玉そろばんは可能にした。「本時の学習の差を埋める」ことと「発達の差そのものを埋めていく」という二つのことを同時に行うことができるのだ。

「発達の差を埋める」という意識を教師が持つことが、もっとも大切なことではないかと考えている。

第2章

生活場面での障害に応じた指導上の工夫

新指導要領では……

全ての教科に、次に示すような文言が加わった。

「障害のある児童などについては、学習活動を行う場合に生じる困難さに応じた指導内容や指導方法の工夫を計画的、組織的に行うこと」

（小学校学習指導要領　各教科の「指導計画の作成と内容の取扱い」）

新指導要領では、学習場面で障害に応じた指導上の工夫が求められている。

第1章では、私の実践を通して困難さに対する工夫を述べてきたが、本章では、子どもの症状別の対応や、日常生活での対応を、私の実践を通してお伝えする。

「衝動性がある」「キレやすい」「コミュニケーション力が低い」などの特性は、学級の中でのトラブルに発展しやすい。

個への対応とともに、集団の中でどのように指導していくのかという観点から、具体的な場面をとりあげて紹介していきたい。

1 衝動性が強い

一　衝動性が強いとはどういうことか

質問で、「衝動性が強い」という症状をよく聞く。では、衝動性が強いとは、どのような状態を指すのだろうか。私がかつて担当した子を紹介しよう。

①授業中、自分の席に戻る途中に、友達Aの筆箱が気になり、とりあげて逃げた。

これだけでは、衝動性はあると言えるが、強いとは言えない。この子の行動には、さらに続きがあった。私は、この子を呼んで指導した。「もう、しません」と言って、席に戻っていった。その時のことである。

他の友達の筆箱をとりあげて逃げたのだ。

どうだろうか？　指導した直後である。これが衝動性が強いということである。

さらに、これで終わりではない。

②教師に「もうしません」と話し、自分の席に戻る途中、別の子Bが気になり、とりあげて逃げた。

衝動性が強いとは、このような状態を言う。その証拠に、この子は自分ではいけないということを自覚していた。それでも、ついやってしまうのである。さて、ここで演習である。

通常なら、「何回言ったら分かるんだ！」と怒鳴る場面であろう。それを、「セロトニン5」を使って指導をする。それができなければ、セロトニン5を何も理解していないのと同じである。

ちなみにセロトニン5とは、平山諭氏が提唱したセロトニンを出す教師の対応である。

「見つめる・ほほえむ・話しかける・さわる・褒める」の5つの対応で、癒やし・安心感を与える神経伝達物質が出ると主張している。

二　セロトニン5で子どもが変化する

最初に、筆箱をとった時、次のように話をした。

人の物を勝手にとるということは、良くないことです。良くないことをしたら、どうしたらいいか分かりますか。


その子は、「謝る」と答えた。「そうだ」と同意し、肩をさわりながら笑顔で「謝っていらっしゃい」と話した。謝った後、さらに呼んで「よく謝れたね」と褒めた。

ここまでで、「見つめる」「ほほえむ」「さわる」の技術を使っている。そして、最後は「褒める」で終わっている。これが、トラブル指導の原則である。

続いて二回目の指導。「A君!」と呼ぶと、すぐに「まずい!」という表情になった。


A君、何が悪かったか分かりますか?

「とったことです」

そうだ、よく分かってるなあ。

このように対応し、A君は自分から謝りにいった。そのことをA君を呼んで褒めた。

そして、三回目の指導。


「A君!」と言うと、すぐにその場で鉛筆を返し、相手の子に謝った。


A君を呼んで、すぐに謝れたことを褒めた。

そして、「悪いと気づいたら、すぐに謝ることが大切なんだ」と体験を通して教えたのである。A君は、ニコニコした表情で席に戻っていった。ニコニコして帰っていったのは、三回目だけではない。全ての指導でそうだった。

衝動性が強いというのは大変だ。自分の意志ではなかなか止められないのが衝動性なのだ。だから、教師の対応で子どもの行為を変化させていく。その時、怒鳴ってはいけない。セロトニン5を使えば、こんなにも子どもは変化する。

セロトニン5を使いこなすには、本で読んだだけでは無理である。ライブで学んでほしい。

三　約束で子どもをしばらない

例えば、次の事例がある。指導の問題点はどこにあるだろうか。


発達障害の子が、友達とトラブルを起こした。原因の多くは、発達障害の子にある。

だから、教師はその子を指導し、最後に、「もう、絶対にしません」と子どもに約束をさせた。

教師は、このように約束が好きだ。

しかし、この約束のせいで発達障害の子どもがどれだけ追い詰められているのかに気づいている教師は少ない。多くの場合、やってはいけないと思っていても、つい繰り返してしまう。特に、衝動性がある子は、自分の意志とは無関係に、行動を起こしてしまうことがある。

その子が、ちょっかいを出している時に、「こらっ！」と怒ったら、「あっ！」というような表情をすることがないだろうか。それは、まさに「その時に気づいた」という証拠なのである。

これが障害の特性なのだから、そのことを理解しないで、行動のみを叱責していては大変なことになってしまう。その子の成長につながらないどころか、悪影響を与えているのと同じなのだ。

「絶対にしません」という約束は、必ず破られる。

では、約束が破られた後、この子や周りの状態はどうなっていくのだろうか。まず、約束を破ったことを教師は叱るだろう。そのことについては、一〇〇パーセントその子が悪い。しかし、これが大きな問題の火種となっていく。

周りの子は、「約束を破った」のだから、「今回の悪いこと」＋「約束を破ったこと」の二つに対して、怒りを持つようになる。教師が作った約束というのは、いわば公的な存在である。だから、正義を振りかざして、その子を否定するようになる。これが、やっかいなのだ。

さらに、約束なのだから、事は前回のトラブルにまで影響する。教師が約束をさせるというのは、このような影響を与えてしまう。だから、大切なことは約束をさせることではなく、次のことである。

もし、次に同じようにやってしまったらどうするか。

これを一緒に考えるのである。例えば、「良くないと気がついたらすぐに謝ろう」とか、「先生が一緒に謝ってあげるから、先生のところに言いにおいで」など、具体的な方法を考えるのである。

四　三つの段階を理解する

次の三つのことを同列に考えてはいけない。全く違うことである。
この約束の事例で考えてみる。

A　頭で正しいことだと理解する

この子は、約束を破った。しかし、したことは良くないことだと理解している。よって、Aはできている。

B　正しいことに取り組もうと思う

これも、正しいことに取り組もうと思っていたはずだ。なぜなら、前回約束をしているのだから。では、どこが問題だったのか。

C　正しい行動をとる

この行動の部分である。問題は、ここだけなのだ。良くないと思い、やめようと思っていたけど、やってしまった。しかも、自分の力では、なかなか止められない。このような場合、一番苦しんでいるのはその子自身なのである。

だから、私たち教師が、そのことを受容し、どうすれば行動が変容していくのかを一緒に考えていくのだ。

例えば、すぐにキレて暴力をふるっていた子がいた。その子は、かっとなった時のことを次のように語っていた。

気がついたら、殴っていた。

別の子は、次のように話していた。

スローモーションのように、自分の手が相手を殴ろうとしているのが見える。

このような子に、「殴ってはいけない」「約束だ」という指導は何にも効果がない。

この子の行動を減らしていくには、まず、

やってしまった時にどうするか

という指導である。そして、それを防ぐための具体的な方法である。

例えば、ある子は「イライラしてきて、危ないと思ったら、その場から離れる」という取り組みを行った。

また、ある子は、「興奮してきたら、担任を探す」という取り組みを行った。

このような方法を成功させるには、三つの行為のどこに働きかければいいのだろうか。

A　頭で正しいことだと理解する
B　正しいことに取り組もうと思う
C　正しい行動をとる

私は、Bだと考えている。このBの思いを増やしていくことが重要だ。そのことが、Cの行動へのストッパーになる。そして具体的な行動を指導した後には、次のような対応が必要だ。トラブルがあるたびに、そのことを確認し、少しでもできるようになったことを褒める。少しでもというのは、例えばこのようなことだ。

イライラした時に、どうするのかを少しでも思い出した。

たとえ手を出してしまったとしても、このことは取り上げて褒めるのである。一度や二度言ったぐらいでできるようになるのなら、それは障害ではない。

多くの教師が、成果を焦りすぎているように感じてならない。こちらが受容していくことで、どんなにイライラしていたとしても、落ち着いてからきちんと謝れるようになった。

そのことで、周りの子も許すことができるようになっていった。そして、「どうせダメだ」といった言葉が、だんだんと減っていった。それは、反省して謝れば許してもらえるという見通しが持てたのだろう。

五　気持ちは受容する

イライラする、不安になり、嫌だと思う。これらの感情は、基本的に受容する。「イライラしたんだよなあ」「心配するよなあ」と受容するだけで、かなり軽減される。この感情は自然に出ることなので、これを叱ったり禁止しても意味がない。

ただし、受容はするが評価はしない。私は次のように言葉をかける。

そう思うことは、悪いことではない。
ただ、そう思うからといって、行動に移すのは良くないことだ。

感情と行動とを分けて考えさせるのである。三つの段階を利用しているのである。

六　衝動性を出させない授業

すぐにちょっかいを出したり、きょろきょろ他の子に気をとられるのは、衝動性が強いという特性が出ている。まず、考えなくてはならないのは、

衝動性を出す必要のない授業の組み立て

ということである。

そして、そのために特に大切なのは、

授業の始まりをどうするか

衝動的な行動が出るのは当たり前である。だから、授業の最初は、ということである。

授業開始に、「今から三時間目の勉強を始めます。気をつけ、礼」などとやっていれば、集中できないので、

他のことや周りよりも、集中するような課題を出す

ことが必要になってくる。例えば、フラッシュカードや百玉そろばんなどは、テンポがはやく、他のことを考える暇がない。そして、その上で活動があるので、次第に巻き込まれていく。

私は、教師のための学習会などで、発達障害の子ども役をすることがある。授業者が教師相手に模擬授業をし、私は発達障害の子ども役をするのだ。

子役をやっていて、テンポよく活動が進んでいく学習では、ちょっかいを出す暇がない。ここは、ゆっくりではいけない。スピードが必要だ。スピードがあるから、引きつけられるのである。

また、ここでもう一つ重要なことがある。

周りの子を集中させる

周りの子の様子も刺激である。ふざけていたり、おしゃべりをしている子がいれば、そちらに関心が向いてしまう。しかし、周りの子が活動に集中していれば、次第に学習に戻っていく。

例えば、英会話のフラッシュカードで、「ｄｏｇ」というところを「犬！」と発言したとする。そこで、教師がことさらに対応する必要はない。黙って、次のカードを次々と見せていけばいいのである。

対応しすぎると、そのことに周りの子が反応する。その反応が刺激になり、もっと興奮し活動から脱線していくのである。周りが反応しなければ、ふざけて言うことに価値がなくなる。だから、次第にみんなと同じように活動に戻っていくことになる。その活動に戻った時に、アイコンタクトで「いいぞ」と合図すれば、マイナス行動は収束していく。

このように、授業の最初がもっとも大切なポイントなのである。安定した授業の開始を毎時間毎時間行っていくことで、子どもも安定していくのだ。

その点で、ＴＯＳＳが提案している『一分間フラッシュカード』は凄い。

安定した状態を作り、その上で身につきにくい知識をインプットさせることができる。

七　活動と活動のジョイントを切れさせない

フラッシュカードで集中させた。そして、次の教科書の課題に移る。

この活動と活動との間である「ジョイント」の部分を意識しているだろうか。実はここが、安定が崩れる第二ポイントなのである。

例えば、フラッシュカードが終わり、「教科書を出しなさい」と言う時、そのポイントは四つある。

①「活動」と「指示」の間
②その言い方
③その時の目線

④その指示の後の確認

①「間」と②「言い方」はライブでしか伝わらない。私は、かつて反抗挑戦性障害の子を担当した時、このタイミングを何度も練習した。それは、私の言い方によって、すっと教科書を用意する時とそうでない時とがあったからである。

発達障害の子役として模擬授業を受けてみるとこのことがよく分かる。教師の指示の出し方によって、感じ方は全く違うのだ。抵抗なく出せる時もあれば、なんだか面倒に感じることもあるのだ。

③は、その子に「見られているな」という感覚を持たせるような目線の使い方が必要である。それは、じっとその子だけを見るということではない。なんとなく、そちらの方を見ていて、視野に入れているという感覚である。あくまで、その子が、見られているという感覚である。もちろん目が合ったら、アイコンタクトをするのは良い。

そして、④の確認。これはいろいろある。例えば、早く出せた子に、「A君早い！　一番」と言って全体をあおることもある。また、「隣の人が出している人」と確認することもある。大切なのは、指示してそのままではなく、確認するということである。

八　どうしても無理な時はリセットする

それでも、もう興奮してどうしようもないと感じる時がある。

そういう時は、思い切って全体の活動をいったんリセットするのも一つの手である。

例えば、「全員起立。この問題が分かったら座りなさい」などと言う。また、「お隣同士で相談しなさい」などと活動を入れるのも効果がある。

「AさせたいならBと言う」という間接的な指示は、効果的なことが多い。いくつものバリエーションを考えておくといいだろう。

2 キレやすい

すぐキレる子といっても、様々な原因がある。その原因をつきとめて、それに合った対処の仕方が必要である。私が出会った二人のタイプと、その対処法を紹介することにする。

一　反抗挑戦性障害の子

A君は、ADHD。そして、二次障害、反抗挑戦性障害を引き起こしていた。

友達から何か言われると、すぐにカッとなる。そして、トラブルになる。四年生のころは、毎日のように、その子の叫ぶ声が、学校中に響いていた。A君の口癖は、「何で俺ばっかり言うんだ」であった。

いつも目がつり上がり、肩がこわばっていた。そうなると、何を言ってもダメ。そこで注意しようものなら、すぐに教室を飛び出していく。そんな状態だった。

そんなA君も、五年生では落ち着き、教室を抜け出すことは一回もなかった。

二　薬の服用が必要だったA君

A君はドクターにかかり、薬を服用していた。教師の中に、薬の服用についてとやかく言う人がいるが、私には信じられない。こんなエピソードがある。

一泊二日の海事研修に出かけた。その二日目の朝、リュックの中に入れておいた薬が見つからないという。A君の様子はずいぶん落ち着いていたことと、本人がなくても大丈夫というので、そのままにしておいた。

そして、地引き網の活動を始めた。そこでは、他校の児童も一緒に活動している。私は念のために、A君のそばで一緒に活動することにした。

始まってすぐ、他校の児童がおしゃべりを始めた。すると、どうだろう。A君がイライラし始めたのである。しばらくして、私と目を合わせたA君がこう言った。「先生、もうがまんできない」。A君は、必死で耐えていたのである。そして、その場を離れ、一緒に砂浜を歩いた。スーハースーハーと、A君が肩で荒い息をしているのが分かった。

そのまま宿舎に戻り、一緒に薬を探した。そして、リュックのポケットの奥に見つかった薬を飲んで、しばらく横にならせた。そうしてまもなく、「もう大丈夫」と、しこりがとれたような顔をしたA君がやってきた。「ダメな時は、早めに言うんだよ」とA君にやさしく声をかけた。

A君には、教師がいくら説明しても、怒鳴っても、何も効果はなかった。A君には、薬が必要だったのである。薬を服用するのは、治療をするためではない。落ち着いている時に、社会で生きていくために必要なルールや、対人関係を学ばせるためである。

薬の服用の是非は、私たち教師が決めることではない。このA君の時にも、「薬の服用はやめさせるべき」という教師の意見があった。しかし、それは教師の領域ではなく、医者の領域である。

A君は、薬を服用し、その効果を利用して多くのスキルを学んだ。そして、立派に卒業していった。

三　肥満で落ち着きのない子

肥満で落ち着きのない子がいた。はいているジャージが、いつもおしりの方にずり落ちている。普段はひょうきんだが、何か言われると急に怒り出す。ノートの字はぐちゃぐちゃ。忘れ物も多い。

遠足の時、B君のお弁当を見た。ボリュームたっぷりで、油物だらけだった。家での食生活を聞いてみると、案の上、毎日スナック菓子と炭酸ジュースがおやつだった。

しかも、炭酸ジュースは冷蔵庫に入っているものをがぶ飲みしているという。これでは、落ち着きのないのも仕方がないと思った。

四　保護者の協力で冷蔵庫の中身を変える

ちょうどこのころ、向山洋一氏の著書で、人工甘味料の害について知った。

そこで、「ジュースに入っている人工甘味料の害」について、参観日に授業した。

ジュースには、角砂糖五～六個分の人工甘味料が使われていること。炭酸ジュースでは、もっと多いこと。角砂糖一個分で、牛乳六本分ものカルシウムを破壊すること。カルシウムが少なくなると、我慢することができなくなること。

このようなことを授業した。そして懇談会で、お家の様子をそれぞれ聞いた。その子の母親は、「今日から、炭酸ジュースを控えるようにします」と話した。

私は、次のようにお願いした。

子どもたちだけでは、コントロールすることはできません。大人の努力が必要です。ご協力お願いします。

それ以降、B君にはちょくちょく家での様子を聞くようにした。すると、冷蔵庫の炭酸ジュースがお茶になったという。さっそく、母親が実践してくれていたのだ。母親に会った時、実践してくれたことのお礼を言った。すると、家でも少し落ち着きが出てきたと話していた。そして、これからも続けていくことを約束してくれた。

担任を離れて数年後、その子の話を風の便りで聞いた。ずいぶんスリムになって、かつての乱暴さはなくなったという。食が与える影響は大きいと実感した。

五　給食ジャンケンでキレたA君をどうするか

給食時間、余ったオレンジをもらうためのジャンケンをした。たくさんの希望者がいたので、「誰かとジャンケンしなさい」と私は指示した。反抗挑戦性障害のA君は、すぐに近くの男の子とジャンケンを始めた。みんなの見ている前、もちろん小野も見ていた。

ジャンケンは、相手の男の子が勝った。しかし、A君はにやにやしながら「俺が勝った」と言っている。にやにやしていることから、自分でもずるだと思っていることが分かる。

しかし、負けたことが受け入れられないので、人のせいにする。「おまえが後出ししただろ」と悪態をつく。そして、自分の発した言葉でさらに興奮して、だんだん口調が強くなっていく。「あいつが、後出ししたんだ。ずるい。それなら、俺も後出ししてやる」。

その後も、「なんでだ、なんでだ」と文句を口走っている。そうしているうちに、さらに機嫌が悪くなっていった。さあ、周りの子どもたちが見ている中、先生方ならどのように対処するだろうか。

六　大切なのは、○○すること

まず、大事な点を確認してみる。
A君は、反抗挑戦性障害であり、気に入らないことがあると暴れるということ。
だから、怒鳴ると余計反抗するようになる。
そして、A君は、相手の男の子を攻撃しているということ。
それを周りの子が見ているということ。
ここで、まず大切なのは、次のことだ。

怒りの矛先を相手の子からそらすこと。

このことを放っておくとどうなるだろうか。この相手の子は、家に帰って必ず自分の親に不満を言うだろう。さらに、周りで見ている子も同じである。
このようなことが積み重なっていくと、次のような状態になっていく。

①家庭で親子でA君の悪口を言うようになる。
②周りの子がA君を避けるようになる。
③親同士がA君の悪い話をするようになる。クレームも出始める。

このような状態の子には、まず、「自分の怒りを友達にぶつけないこと」を重視する。それができないと、集団の中での生活はできないからである。
私は、次のように話した。

B君は悪くない。先生も見ていた。勝ったのを決めたのは先生だから、B君は悪くない。

そう言ってもイライラは止まらないが、相手の子への攻撃はなくなった。

七　イライラを物にぶつけるA君に対応する

友達への攻撃をやめた分、イライラを別の形で発散させようとしているのが分かった。
A君がとった行動は次の通り。

①給食の食缶などを置いている教卓を蹴る。最初は、倒れてしまわないか様子を見ながら蹴っていたが、大丈夫だと分かるとだんだん強くなっていった。
②隣にある給食台を蹴る。余った食器やおぼんなどが、下に散らばった。
③外に出て、ドアを強くしめる。
④さらに、外でドンドンと壁を蹴っている。
⑤しばらくすると、教室に入ってきたが、その時もドアを強くしめる。

まず、この行動を分析してもらいたい。続いて、具体的な対応を考えてもらいたい。

八　行動の意味を知り、対応するから変化する

一連の行動を見ると、明らかに構ってもらいたいのが分かる。本当に嫌なら、どこかへ出て行ってしまっているはずである。音を出すのも全部アピールなのである。

ここで、「食器が下に散らばった」というような現象面だけを取り上げて怒ってはいけない。余計イライラがつのり、今度こそ出て行って、よそで余計悪いことを起こすだろう。

私は、次のように対応した。

後ろからやさしく抱きつき、「分かった分かった、もうやめよう」「その代わり、その怒りのパワーを別の方向で発揮しよう」。そう言って、小野をおんぶしてみるようにあおった。

まずA君の怒りを受け止めた。そして、怒りが少し和らいだ時に、別の方向へそらせたのである。

「できるかな?」そう言うと、A君は力の限り踏ん張って、少しの時間だけ持ち上げた。「お!　〇・二秒。あ、一秒。おっと、一・五秒」などと言うと、A君に笑顔が見え始めた。

その後も「よし、一〇秒に挑戦だ」などと続けた。まわりの友達からも、お〜っと言う声が出ると、機嫌もかなり戻ってきた。

次に、A君を膝の上にのせてマッサージを行う。「ほらほら、怒ったから首筋が凝ってるぞ」などと言いながら五分ほど揉みほぐした。その後で、小野も揉んでもらう。このころには、すっかりご機嫌になっていた。

その後は、A君も周りの子も何事もなかったように給食を食べ終え、昼休みを過ごした。

3 コミュニケーション力が低い

一 コミュニケーション力の育成、成果なし

各学校の研究テーマで、現在もっとも人気があるのが「コミュニケーション力の育成」に関連した内容である。

しかし、次のような厳然たる事実がある。
全国各地で研究が行われているにもかかわらず、発達障害児のコミュニケーション力UPについては、未だほとんど成果が上がっていない。

調査によっては一〇～二〇パーセントは存在する発達障害の子を抜きにしての研究など、はやありえない。
また、改訂された「DSM-5」では、発達障害が下記のように分類される予定である。

①知的発達障害
②コミュニケーション障害
③自閉症スペクトラム（ASD）

④注意欠如／多動性障害（ADHD）
⑤学習障害（LD）
⑥運動障害

今後、ますます発達障害の子のコミュニケーション力について注目が集まることが予想される。

そこで、「発達障害児のコミュニケーション力をUPするための具体的な方法を探る」ことをねらいとして、現場で格闘している先生方から、具体的な成功事例を紹介してもらった。

二　両方からのアプローチが必要

ＡＳＤの子がトラブルを起こした。経緯は次の通りである。

このトラブルを防ぐには、どうすればいいだろうか。考えてもらいたい。

①友達とドッジボールをしていた。
②相手チームの子が、気づかずにラインを越えて投げてしまった。
③それを見て、ASDの子が「おまえ、わざとズルしただろう」と怒鳴った。
④相手の子は、わざとズルしたと言われたので、「ズルじゃねえ」と怒鳴り返した。
⑤そのことで、ASDの子はさらに腹をたて、しつこく相手の子に文句を言い続けた。
⑥その後、お互いがヒートアップして殴り合いの喧嘩になった。

この①～⑥の中で、どれがトラブルへとつながる内容だろうか。また、今後同じようなトラブルを繰り返さないためには、何番を指導しなければならないのだろうか。

このような具体的な場面での事例研究が必要である。

今までの特別支援教育では、③のところがクローズアップされてきた。

どうすれば、ASDの子がトラブルになる文句を言わないようになるかを考えてきたのだ。

これは、次の視点で指導にあたっている。


発達障害の子をどう指導するか。


しかし、これだけではなかなか上手くいかないことが多い。

それは、次の視点がないからである。


発達障害の周りの子にどう指導していくか。

このような視点があれば、他の番号のところも指導対象になる。

④相手の子は、わざとズルしたと言われたので、「ズルじゃねえ」と怒鳴り返した。

ここでの事実を確認してみる。

A　相手の子は、ズルをした。

B　そのことは、わざとではない。

「周りの子」という視点で見ると、この二つが混同していることが見えるようになる。だから、そのことを整理した上で、

A　ラインをわってしまったことは事実だから、まずそのことを謝る。

ことを指導する。その上で、

B　わざとではなかったことを説明する。

説明なので、厳しい口調では言わないことを指導する。

「相手の子」という視点を持てば、以上のようなアプローチが考えられる。

その上で、ＡＳＤの子にも、このことを説明し、「相手がこんなふうに認めた時には、怒らずに許してあげよう」と指導していくことができる。

このように同じ事例でも、視点の持ち方によって指導方法は変化する。教師は、この両方の視点を持っておかなければならない。

4 自己肯定感が低い

「教育は格闘技である」と、かつて向山洋一氏は語った。発達障害の子を担当するようになってから、この言葉の意味が分かるようになった。褒めることは、まさに格闘技である。何を褒めるのか、どのように褒めるのか。褒めることは、簡単なことではない。

この節では、どのように褒めるのかを演習していく。

一 褒めないと動かない子の言葉を分析する

褒めないと子どもは動かない。支援学級の子は、まさにそうである。

そして、こんなことも多い。

> 褒めても動かない。

褒められたことを受け入れられないのだ。二次障害を併発している子、セルフエスティームが下がっている子の多くがそうだ。そういう時には、褒めたことでキレてしまうことがある。

では、その場面を演習してみよう。

> **【演習①】**
> 教師が、「よくできたね」とにっこりほほえんで褒めた。

しかし、子どもは不機嫌そうにこう言った。「どうせ、偶然だ！」
さて、まず対応を考える前に、「どうせ、偶然だ！」という言葉から、子どもがどんなことを思っているかを分析してほしい。

まず、「どうせ偶然だ」という子どもの言葉を二つにわけて分析してみよう。

「どうせ」という言葉から何が考えられるか。今までに、何度も失敗したことが考えられる。また、できたと思っても、次の時には失敗してしまった経験もあるのだろう。しかし、「どうせ」という言葉は全否定ではない。褒められることを、本当は求めているということも分かる。

また、「偶然」という言葉からは、自信がないということが分かる。さらに、「偶然でもできたこと」に価値がないと考えている。たぶん、今までに誰かに否定されることがあったのだろう。

私は、いつも子どもの言葉や表情から、このようなことを分析する。

みなさんはどうだろうか。

二　分析を使ってどのように褒めるか

では、演習②。今度は対応を考えてもらいたい。

【演習②】
先ほどの分析を使って、どのように褒めるのかを考えてもらいたい。
褒める言葉を書き出すだけでなく、その言葉をどうして使ったのか意味づけをしてもらいたい。

もちろん、「どうせ偶然だ」という言葉が、キーワードとなる。つまり、次のことが褒める言葉の中にあれば、合格である。

「偶然にできた」ということを価値があることだと納得させる。

だから、次のような褒め言葉では、子どもは変化しない。

偶然でもできたことは凄い。

私は、次のように褒めた。まず、前半部分。

できるようになるまでには、必ず、今回のように、「偶然できた」ということが何回か起きるんだよ。
そして、本当にできるようになっていく。

ここまでで、「偶然できた」ことが大切なことだと趣意説明している。実際に、ここまで話したところで、子どものイライラは消え、興味深そうに私の話を聞こうという状態になった。

三　さらに、「偶然」の価値付けを行う

ここまでで、すでに子どもは変化している。
しかし、さらに私は、もう一歩突っ込んで対応したいと思う。

【演習③】
続きの褒め言葉を考える。その際、話を聞いた子どもが、「やった」と喜ぶような言葉を考えてもらいたい。

私は、次のように語りかけた。話すスピードを落とし、包み込むようなイメージだ。

だから、今回のことは、できる力がついてきたという証拠。この最初の一回が難しいんだよ。良かったね。

この中で、私はある言葉を力強く話した。「この最初の一回が」の部分である。この言葉を言い換えるとどうなるか？「偶然」という言葉と同じ意味である。

私は、こうやって「偶然」という言葉を価値付けしていった。

最初に褒めた時に、子どもは褒めたことを受け入れなかった。しかし、私はここは勝負だと考えた。一度や二度の失敗で、あきらめてはいけない。褒めることは、格闘技である。

5 相手がキレる言葉を使う

一 お互いの思い込みをなくす

このような言葉遣いをすると、相手がキレる。

発達障害児には、このことを教える必要がある。なぜなら、自分の発言に対して、

自分は悪くないと思い込んでいる

ことがあるからである。このことが、トラブルを招く原因となっていることが多い。

一方、言われた方は、

言った子は、当然、悪いと知ってて言っている

と思い込んでいることが多い。

つまりこのようになる。

【発達障害児】→　自分は悪くない
【相手の子】→　わざとやっている

お互いに違うことを「思い込んでいる」のであるから、トラブルになるのは当然だ。

今までの指導の多くは、

「このような言葉遣いをすると相手がキレる」ということは当然、分かっている

ということが前提で行われてきた。しかし、このことを理解しにくいのが発達障害の子どもたちである。特に、自閉症グループの子どもたちは、それが障害の大きな特性となっている。

ここで勘違いしてはいけないことがある。発達障害児は、善悪が理解できないのではない。理解することが難しいのである。つまり、正しく教えればできるようになっていくのである。

そのことで、無用なトラブルがなくなっていく。

二　謝った後の行動を具体的に教える

ＡＳＤの男の子が、クラスの女の子とトラブルになった。女の子は泣きじゃくっている。どうやら、男の子に容姿のことをからかわれたらしい。そこで、二人を呼んで、トラブルの処理を行った。

まず、ＡＳＤの子から話を聞く。すると、大きな声で興奮して話し始めた。そして、自分の声にさらに興奮している。このままでは、さらにトラブルの溝は深くなってしまう。だから、

小さい声で話しなさい

と、手で声の大きさを規定した。小さな声で話させると、不思議なもので興奮状態も冷めてくる。

このように、行動を変えることで感情を変えることができるのだ。

これを、直接、感情を変えようとするから失敗するのである。小さい声で説明し始めた時、「そうだ」と短く褒めることで、さらに感情も落ち着いていった。そして、自分の非も素直に認めることができるようになった。最後には、自分の悪かったところを相手の女の子に謝ることもできた。

相手の女の子も、まだ泣きやんではいなかったが、「いいよ」と納得してくれた。

それでも、何とか謝れて良かったと思ったその時だった。

いつまで泣いてるんだ。もう、終わったんだから、泣くのをやめろや。

なんと、ＡＳＤの子がこう口走ったのである。今、自分が謝ったばかりで、しかもその女の子の前であるにもかかわらずである。女の子は、また泣き出した。しかし、ＡＳＤの子は、「自分の発言が悪いと思っていない」のである。

分かっていないのだから、叱っても仕方がない。その場ですぐに、この場では言ってはいけない言葉だということを教えた。その子と話しているうちに、次の二つのことが明らかになった。

①ＡＳＤの子にとっては、もう解決が終わったことであること。
②「許す」と言っているのに、泣いているのはおかしいと思っていること。

よって、次の行動を教えた。

①悪いことをしてしまった時、自分から謝ることが大切。
②謝って許してもらったら、その罪は許されたということ。
③しかし、許したとしても、相手はしばらく嫌な気持ちが消えない。
④だから、相手のその気持ちが消えるまでは、相手になるべく関わらない方が良い。

このように言うと、「なるべくというのはどのぐらいなのか」と聞いてきた。
なるほど、この説明では、分からないのである。私は、

その日は関わらないようにするのが安全だ。

と答えた。今度は納得したようだった。しかし、これだと「遊び時間に一緒に遊べない」「一緒にグループ学習ができない」などの弊害が出る。なので、例外も教えておいた。

①学習時間やみんなで遊ぶ時などは、関わることは問題ではない。
②相手の子が話しかけてきたり、ニコニコと機嫌良さそうな場合も大丈夫。

どうだったか。なんと、ＡＳＤの子は、ふんふんと真剣に聞いていたのである。
発達障害の子には、ここまでの指導が必要だということが分かるだろう。
それと同時に、教師が教えることで理解できることも分かるはずだ。

三　思い込んでいるのは教師自身である

「自分は悪くない」というＡＳＤの子、「悪いと分かってやっている」という相手の子、どちらも自分が勝手に思い込んでいる。これがトラブルになる大きな原因である。しかし、もっとも大きな原因は、その場面を直接見ていながら、このような図式になっていることを意識できない教師側にあると私は考えている。
発達途中の子ども時代なら、このような思い込みは多くある。だから、全体の中で指導をしても目立たない。

ＡＳＤの子は、「できない」のではなく、「できるようになるのが難しい」のだ。だから、なおさら、小さい時に教師が指導するべきである。

問題となるその場その場の事例こそが、将来にわたってその子にとってトラブルになる可能性が高い場面である。

つまり、その場が、ソーシャルスキルを教えるチャンスなのだ。

これぐらい分かるだろう。そんなこと、分からないわけがないだろう。

そのような教師の思い込みが、実はトラブルをマイナス体験にしている大きな原因なのである。

四　教師の間違った対応

教師のその対応が、脳のどこに働きかけているのか。

この観点を知って、私の子どもへの対応は大きく変わった。

例えば、嫌なことがあってキレている子がいる。周りにある机やいすを蹴飛ばしている。この時、教師がとる行動はだいたい決まっている。

「何やってるんだ」と怒鳴り、「机やいすを蹴ったらダメだろう」と叱る。

叱る時の言葉は、様々あるだろうが、「怒鳴る」「いけない理由を言う」というパターンは、そう変わらないだろう。かつての私もそうだった。

しかし、私の行動は次のことを知って、大きく変わった。

脳科学の観点で考えると、間違った対応である。

なぜなら、パニックになっている子の必要な脳の部位に、全く働きかけていないからである。

五　パニックは脳の扁桃体

パニックは、不安を感じていることで起こる防衛反応である。

脳の部位は、扁桃体。安心・不安、好き・嫌いなどの感情を司る脳である。だから、この脳をまず癒す必要がある。つまり、まずやるべきことは、その不安な気持ちを受け止めることなのだ。

嫌なことがあったんだよなあ。

このように、その子の気持ちに同意する。これだけで、す〜っと暴力的な行動が収まることも多い。

一方、先ほどの対応はどうだろうか。怒鳴ることで、さらに、扁桃体を不安にさせている。怒鳴ると、余計にパニックがひどくなる子がいるのはこのせいである。だから、怒鳴るという行為は、全く意味がないことが分かる。それどころか　逆に脳を攻撃していることと同じになる。

六　善悪は脳の前頭葉

「机やいすを蹴ったらいけないだろう」というのは、行動の善悪を評価していることになる。この善悪を判断するのは、脳の前頭葉である。

ただ、この前頭葉は扁桃体が安定した状態でないと、上手く機能しない。だから、前頭葉に働きかけるのは、扁桃体を安心させた後でないといけないことが分かる。つまり、善悪を教えるのは、気持ちが安定した状態で行うのが鉄則ということになる。

「嫌だったんだよなあ」と、まず気持ちに同意し、落ち着いてから何が良くなかったのか、どうすれば良かったのかを教える。これが基本の対応である。

逆に、イライラした状態で善悪を教えても、肝心な前頭葉には届かない。パニックになっている子に、怒鳴って「いけないだろう」と指導する教師は、子どもを悪化させているだけである。ただ、自分のイライラした感情を満足させているだけなのだ。

子どもの「気持ち」と「行動」を分けて考えないと、効果的な対応はできない。そのためにも、教師は脳科学を学ぶ必要がある。

6　負けを受け入れられない

一　腕相撲で負けてパニックになる

私のクラスでは、係活動を会社活動と呼んでいる。会社活動とすることで、倒産があったり、合併があったりして、係活動が活性化するのだ。

三年生のクラス解散パーティーで、ある会社が腕相撲大会を主催した。

まず、班の中で勝負して代表を決め、代表者で決勝トーナメントを行うというルールだった。

ASDのA君は、大はりきりだった。「よ~し、絶対勝ってやる」と、かけ声も勇ましい。すかさず、会社の子どもたちから、「負けて怒った人の班は失格になります」と一言。小野の言葉を真似しているのだ。

その言葉に、「分かりました」と子どもたちがにこやかに答える。

そして、いよいよ腕相撲大会がスタートした。A君の班でも熱戦が繰り広げられていた。そして、A君ともう一人の男の子で代表決定戦が行われることになった。

力は、どちらも互角。試合が始まっても、ずっと膠着状態が続く。他の班が終わっても、まだA君の試合は終わらない。

みんなの注目が集まる中、相手の男の子がだんだんと優勢になっていった。しかし、負けそうになっても、ぎりぎりのところでA君は踏ん張り続ける。その状態がしばらく続いたが、誰の目にもA君の負けは決定的だった。時間がかなりかかっていたこともあり、会社の子が、相手の子の勝ちを宣言した。ガッツポーズをして喜ぶ相手の子。熱戦に拍手を送る周りの子。

そんな中、A君は地団駄を踏んで泣き出した。そして、その場にうずくまって動かなくなった。そのままでは、それ以降の試合が続けられないので、「A君、こっちにいらっしゃい」と小野が声をかけた。しかし、A君は動こうとはしない。

三学期の終わりである。このように地団駄を踏むことも、小野の呼びかけに反応しないこともありえない。だから、よほどのことなのだろう。

さて、ここで考えてもらいたい。

①A君は、なぜ、このような状態になったのか。
②あなたなら、どのようにA君に声をかけ、彼を納得させるか。

パニックになった原因とその対処の両方が分からなければ、対応は難しい。

二　パニックの原因は？「おれ、負けてない」

泣きながら、A君はずっと「おれ、負けてない」とつぶやいていた。
この言葉から、原因ははっきりと分かる。

自分は負けていないと思っている。↓会社の子に負けと言われた。

これが納得できないのである。決して、「負け」を受け入れられないのではない。では、なぜ自分は負けていないと思っているのか？　それも、試合の記述から分かるはずだ。

しかし、負けそうになりながらも、ぎりぎりのところでA君は踏ん張り続ける。（中略）
時間がかなりかかっていたこともあり、会社の子が、相手の勝ちを宣言した。

ここでの大切な事実は、「A君は自分の手をつけていない」ということである。
「手をつけていない＝負けではない」と信じているA君の中では、まだ勝負の途中だったのである。これでは、A君が納得できるわけがない。

三　A君のこだわりを解きほぐす

客観的に見ると、A君の行動はわがままに映るだろう。だからこのような時、多くの場合、A君は叱責される。そうなると、A君はさらに情緒的なこじれを起こしていく。あるいは無視されて、放って置かれる。これも同じことである。

このような場こそ、教育のチャンスなのである。

一つ一つ考えてみると、A君が「負けていない」と思っているのは、悪いことではない。一方、会社の子の判断も悪いことではない。この食い違いを解きほぐすことが、教師の大切な仕事なのである。

私は、まず彼の気持ちを受け入れた。

「A君は負けてなかったんだよなあ。まだ、勝負の途中だったんだよなあ。それなのに負けと言われたから腹がたったんだよなあ」

そう言うと、嗚咽しながらA君は何度もうなずいた。

「会社の人は、いじわるでやったんじゃないんだよ。ずっと勝負が終わらなかったら、お楽しみ会が終わらないでしょう。だから、時間がかかる時は、途中でもどっちかを勝ちにするように決まってるんだ。本当の大会でも、全部そうなんだよ」

さらに、こう続けた。

「でも、A君はそれを知らなかったんだよなあ」

そう言うと、「知らなかった」と即座に答えた。ここで、やさしく次のように問いかけた。

「そうか。じゃあ、それを始まる前に言ってくれてたら、怒らなかったんだよなあ?」

A君は「うん」と答えた。あの地団駄を踏んでいた時のこわばりは、もうなくなっていた。

「A君は、自分のことがよく分かってて偉いなあ」

そう言って、A君を膝の上にのせた。

「会社の人も言わなくちゃいけないことがたくさんあって、忘れちゃったんだよなあ。だから、先生が言えばよかったなあ。ごめんな。それにしても、A君は強いなあ。びっくりした」

そう言うと、A君はニコニコしながら笑っていた。そして、しばらく小野の膝の上で過ごした後、大好きなフルーツバスケットが始まると、みんなの輪の中に自然と戻っていった。

その後は、何事もなかったかのように、A君も周りの友達も一緒にパーティーを楽しんだ。

四　勝敗にこだわったB君

ASDの診断を受けていたB君は、勝敗に対して、すさまじい執着があった。例えば、ジャンケンをする。負けたら、「何で俺の負けなんだ！　ずるいぞ、このやろう」と相手にくってかかる。

毎年取り組んでいた百人一首も、B君には無理だった。一枚目を取られると、「なんで、なんで」と騒ぎだし、二枚目で机をがんがんたたき出し、途中からは、全く取り組むことができなくなった。

B君が取り組めない理由は、自分が札を取れないからだった。そこで、教師と一緒に休み時間に取り組むことにした。

まずは、一札目。私はB君が取れるまで、下の句を繰り返し繰り返し読み続けた。何とかB君は取ることができた。「すごいな。先生負けちゃった」と言うと、「やったやった」とジャンプしながら喜んだ。

そして、二枚目、三枚目もB君に取らせた。自分が取れれば、できることがわかった。

半分くらいの札を取ったところで、少し変化をつけてみた。

B君が札を押さえた後、私も手を出した。そして、こう聞いた。「これ、どっちの勝ち？」

B君は「ぼくの勝ち」と言う。理由を聞くと、ぼくの方が早かったからだという。「なるほど、B君の手が下にあるからな」と言うと、うんうんと頷いていた。

その後は、徐々にきわどい差にしていき、手が下にある方が勝ちということを何度も確認した。そして、そのたびに褒めた。

今度は、同時に出してみた。そしてこういう時は、ジャンケンで決めることを確認した。

もちろん、私が後出しで負ける。それを何度も繰り返した。B君は、満面の笑みでジャンケンをした。

「前は怒ってたのに、我慢できて偉いなあ」と褒めた。そうやって、少しずつB君に勝たせながら、大切なルールを確認し、褒めていった。全員でする時にも、同じように、私がB君の相手をした。

そうして二週間ほどたったころ、初めてB君に一枚差で勝ってみた。それでも、B君は暴れなかった。「えらい、えらい！」と抱きしめて褒めた。勝ったり負けたりを繰り返し、ルールを確認していった。

ずいぶん慣れたころ、他の子と試合をさせることにした。

私は、B君の近くにある札を中心に読み、見えない形でB君をアシストした。そのおかげで、取ったり取られたりが続いた。そして、B君は僅差で負けた。

B君は、悔しそうな表情で、叫びそうになるのをじっと耐えているように私には見えた。すかさず、私は全員にこう言った。「B君は、すごいよ。負けても文句を言わずに我慢してる。これが立派な三年生です」。そう言うと、周りの友達も「すごい、すごい」と声をかけた。

B君の表情からは険しさが消え、上がっていた肩がす～っとおりていった。それからは、百人一首で負けても、ジャンケンで負けても暴れることはなくなった。

百人一首のおかげで、B君は負けることを受け入れることができるようになった。そして、そのことで、友達にも受け入れられた。B君の顔には、笑顔があふれるようになった。

五　暗唱テストで間違える体験をさせる

負けを受け入れない発達障害の子を担任するようになって、できるだけ早い時期に、暗唱に取り組むようになった。今では、黄金の三日間のうちに必ず取り組んでいる。それは、負けを受け入れない子が、ほぼ確実に「失敗」を受け入れる経験ができるからである。「負け」を受け入れられない子へは、まず「失敗」を受け入れる経験をさせていく。そちらの方が難易度は低い。

テストの審査は、厳しいが上にも厳しく行われる。詰まるのはもちろん、ほんのちょっと間が空いても不合格。

だから、次のような現象が起こる。

テストを受けた子のほぼ全員が不合格になる。

このような状態の中でなら、不合格になってもキレないのである。ここで、一つの原則が分かる。

原則　周りが間違う状態の中でなら失敗を受け入れられる。

表情を見ていると、テストを受ける前から「失敗すること」を想定してテストを受けているのが分かることがある。

これは凄いことだ。暗唱テストだから生じる事実である。そして、その事実を取り上げて褒めて強化する。

失敗しても、イライラしないなんて凄いなあ。

このように強化すると、次の挑戦でも失敗を受け入れやすくなる。こうやって、「失敗」を少しでも受け入れやすくし、もう一段上の「負け」を受け入れる土壌を作っていくのである。

7 自分の非を認められない

一 喧嘩の仲裁で子どもが大きく変化する

「教えて褒める」指導で、荒れていた子どもたちはみな、大きく変化していった。

喧嘩の仲裁の時に、私はまず子どもたちに説明の仕方を教える。

小さい声で言いなさい。

親指と人差し指の幅で声の大きさを視覚的に示し、ささやくような声で説明させる。興奮した子どもに説明させると、だんだん声が大きくなっていく。そして、自分の声で、さらにイライラが募っていくのだ。

それが、この指示を出すと、驚くほど子どもは落ち着いていく。行為が変われば、感情も変わっていくのである。そして、「大声で言うのは文句で、説明ではないこと」を教え、それを実行できたことを強く褒める。

このようにして、正しい行為を教えて褒めていくのである。

また、聞いている子にも教えることがある。それは、「聞いている途中に口を挟まない」ことである。これを許すと、余計に関係がこじれ、喧嘩の仲裁は不可能になる。だから、それができたことを取り上げて、強く褒めるのである。

これらの教えて褒めることは、その子だけに影響を与えているのではない。相手の子にも間接的に指導しているのだ。

二　反省と謝り方を教えて褒める

お互いに説明をさせた後は、自分のことを自己評価させる。自分のしたことを一〇点満点で評価させることが多い。

自分が全部悪かったら〇点。相手が全部悪かった一〇点。その間ぐらいだったら五点。点数をつけてごらん。

このように自己評価させる。大切なのはこの後である。

点数を聞くのは、自分の点数を低めに言いそうな子から聞く。例えば、三点と答えたら、次のように話す。

七点分も反省してるんだ。立派だなあ。

これも、その子を褒めているだけではない。相手の子にも間接的に指導している。だから、それを聞いた相手の子は、自分の点数を最初より少し下げようとする。

次に、反省できたことを褒め、悪かったことだけを謝らせる。自分で「悪かった」と認めていることだから、素直に謝れる。

謝る時には、姿勢・表情・言い方などを指導する。発達障害の子には、特に大切な指導になってくる。この時、「もうしません」と約束させてはいけない。子どもなのだから、また繰り返すのは当たり前だ。それよりも、今度同じようにトラブルになった時にどうするかを教えることが大切である。

このように指導すると、トラブルで興奮していた子の表情がにこやかになる。トラブルで叱るのではなく、大切なことを教えて褒めているからだ。だから、「今まで素直に謝ったことがない」と言われていた子が、素直に自分の非を認め、謝れるようになっていった。

8 曖昧さが許せない

ほんのちょっとぐらいならいいかと思う違いでも、曖昧な指示では混乱する。特に、発達障害の子はそうである。

一 ＡＳＤの子が取り組めない

写真を見て、気づいたことを箇条書きにする学習があった。
先生の指示はこうだった。

気づいたことを三個書きなさい。

子どもたちは、ノートに気づいたことを書いている。そこで、先生はもう一度指示を繰り返した。

気づいたことを書きますよ。三個ぐらいで良いです。

すると、これでASD症候群の子が取り組めなくなった。なぜだろうか。「三個」と「三個ぐらい」というのは、ほとんど同じように聞こえる。しかも、「三個ぐらいで良い」と言っているのだから、子どもにとってはより楽になったように思える。

しかし、ASDの子はできなくなったのである。

二　曖昧さが子どもの努力を無駄にする

三個ぐらいということは、二個でも四個でも良いということになる。二個しか書けなかった子にとっては、良い措置かもしれない。

しかし、次のような子の努力は、無駄になったということである。

もっと書こうと思ったことがあったのだが、「三個書く」という指示なので、他の書きたいものを我慢して、「三個」だけ書いた。

ASDの子の中には、学力の高い子も多くいる。そのような子どもたちにとって、意見を「増やす」ことよりも「絞る」ことの方が困難な場合が多い。だから、やっとの思いで三個に絞ったのに、「三個でも良い」となると、「なんで?」となるのである。

だから、いったん三個と言ったのなら、三個でなくてはいけないのだ。

三　曖昧さは、不安につながる

そのような曖昧な指示で、困った経験があると、それは不安につながっていく。また、同じようなことがあるのではないかと思うからである。そう感じると、どうなるか。

見通しがもてなくなる。

こうなると、不安はますますふくれあがり、その結果、学習や生活に不適応になっていく。

特別支援学級を担当して、このような曖昧さがどれだけ子どもたちを苦しめるかを痛感している。交流学習に取り組みにくい子のほぼ全員が、このような「曖昧さ」による困った経験をしていたのだ。

曖昧さは、混乱のもとである。

9 ルールを守れない

発達障害の子に対応する時には、基本的な対応の仕方がある。それがよく分かる事例を紹介する。

一　ルールを守らないA君

学年で一番のやんちゃ君がいる。三年生で目がつり上がり気味。授業中イライラして、教室を抜け出すこともよくある。

そのA君が、ある日、パレットの絵の具を流しで洗っていた。絵が書けていなくて、休み時間に書いていたのだと言う。ただ、勤務校では、学校ではパレットは洗わないことになっている。そんなA君の様子を周りの子も見ている。

このような時、どのように対応するだろうか。

①叱る
②無視する
③その他の指導を行う

まず、「①叱る」は絶対にやってはいけない。状況をよく見てほしい。休み時間である。だから、友達に借りていたので、担任の先生が特別に許したのかもしれない。もし、そうだったとしたら、叱った瞬間にA君は、怒り出すだろう。もう関係は修復できない。

「②無視する」もダメだ。周りの子への影響も考えなくてはならない。

ではどのように指導すれば良いのだろうか。

二　適切な対応でA君がニコニコになる

まず、「A君、がんばって絵を書いていたの？」と声をかけた。A君は「うん」と頷いた。

「偉いなあ。よくがんばるなあ」と言った後で、事実を確認した。

「A先生が、ここで洗っていいって言ったの？」と聞くと、違うと言う。

そうか。ここで洗っちゃいけないことになっているからなあ。よし、先生が手伝ってやるから、こっちも全部、持っておいで。

そう言って、隣の小野の教室に入らせた。そして、トイレットペーパーを取り出して、一緒にパレットをきれいにしていった。自然と横に並ぶ形になり、パレットがきれいになっていくうちに、表情も和らいできた。

そうしていると、A君が、「描いた絵を持ってこようか？」と言った。「みたい、みたい。持ってきて！」と、せがむように言うと、A君は走って教室にとりに帰り、息を切らせて絵を差し出した。

すごいなあ～。これ、A君が自分で塗ったの？　丁寧だ。三年生レベルを超えてる。何たって絵の具の濃さが抜群だ。A君は絵が上手なんだなあ。

そう言うと、初めてニコっと笑った。

「きれいになって良かったね」と言うと、「ありがとう」と言ったので、最後にお礼が言えたことをしっかり褒めた。

三　基本的な対応の仕方

この対応のポイントをまとめてみる。

①肯定的な声かけ
②事実を確認
③ルールを教え、改善策を示す
④味方になって方法を教える
⑤一緒に喜んであげる
⑥事実をとりあげて、強化する

これを基本とし、その場その場の状況で変化させていく。この基本があるから指導がぶれない。

第3章

障害の状態を適切に把握するから効果的な指導ができる

1. WISCは教師にとって必須条件
2. WISCの検査結果を国語学習に生かす
3. 低学年体育で感覚統合の考え方を生かす
4. 視機能検査、視知覚検査で読み書きが苦手な原因を探る
5. 入力、出力を意識した指導で困り感が軽減する

新指導要領では……

障害の状態の把握や、個別の指導計画の作成が明記されている。

「エ　障害のある児童などについては、家庭、地域及び医療や福祉、保健、労働等の業務を行う関係機関との連携を図り、長期的な視点で児童への教育的支援を行うために、個別の教育支援計画を作成し活用することに努めるとともに、各教科等の指導に当たって、個々の児童の実態を的確に把握し、個別の指導計画を作成し活用することに努めるものとする。特に、特別支援学級に在籍する児童や通級による指導を受ける児童については、個々の児童の実態を的確に把握し、個別の教育支援計画や個別の指導計画を作成し、効果的に活用するものとする」

（小学校学習指導要領　第1章「総則」／第4「児童の発達の支援」／2「特別な配慮を必要とする児童への指導」／（1）「障害のある児童などへの指導」／エ）

とされている。個別の指導計画については、各校で取り組みがなされている。しかし、適切な障害の状態の把握はされているだろうか。私は、専門家と学習会を開催し、ＷＩＳＣを中心に発達検査について学んできた。本章では、発達検査によって、指導法をどう改善するのかを中心に述べていく。

1 WISCは教師にとって必須条件

一　読み取り

WISC-Ⅲの下位検査項目に「算数」がある。これは、算数の問題を口頭で提示し、暗算で答えさせるという内容である。

この検査で何が分かるか。読み取りは解釈なので様々あるが、例えば、次のようなことが分かる。

①簡単な言語反応
②注意集中
③不安
④注意の範囲
⑤被伝導性

詳細については省くが、例えば、⑤被伝導性を考えてみる。これは、「周囲に少しでも刺激があると注意が引きつけられ、目前の課題から気がそれてしまうかどうか」が分かるのである。

よって、教室前面の掲示物、余分な板書、刺激となる教材の余分な情報などの改善が必要となる。

また、「数唱」という項目がある。これは、数字を読んで聞かせ、同じ順番、もしくは逆の順番で数字を言わせる検査である。

この検査で測定できるものは、「聴覚的短期記憶」つまり、「ワーキングメモリー」である。このように下位検査を一つ一つ見ていくことで、苦手なところがはっきりと分かってくる。そして、全体の傾向からさらに、必要な支援を探っていく。

二　指導法の改善へ

では、ここであげた「算数」と「数唱」が苦手な子には、どのような支援が必要なのであろうか。刺激があれば注意がそれてしまい、ワーキングメモリーの力が弱いのだから。次のような方針が立つ。

①指示を短くする
②一時に一事の指示

さらに、ここで視覚的な認知が得意であれば、視覚情報を使った学習をできるだけ取り入れればいいことになる。算数ではどうだろうか？　それは、「教科書を常に見せた」状態で学習を進めていくということになる。この指導はまさに、向山型算数の特徴と言えよう。

ＷＩＳＣが読み取れるということは、科学的に指導改善の要求が行えるということを意味する。このような観点から、現場の改善を行っていく。そうすることで、教育現場が大きく変わる可能性を持っている。

2 WISCの検査結果を国語学習に生かす

一 WISCの検査結果を指導に活かす

WISCの検査結果を保護者から受け取る。
それからその結果をどのように活用しているだろうか。
現場の多くの実態としてはこうなっている。

ファイルされて終わり。

もうちょっとましな場合でもこうだ。

専門機関が書いている手立てを読んで終わり。

検査結果はあくまで結果であり、それを指導に活かさない限り、発達検査の意味はない。
本節では、国語学習に関する項目とその対応について述べていくことにする。
WISCの検査で、「単語」や「知識」の数値が下がっている子がいる。
こういった子どもたちの特徴としては、次のことがあげられる。

語彙が少ない。

語彙が少ないとどのような現象が生じるか。

①発問・指示の内容が理解できない。あるいは、自分なりの解釈をしてしまい、指示されたことと違うことをしてしまう。
②テキストの読み取りが困難になる。

まさに、国語の学習に直結する困難さが生じてくる。だから、学習の中で意図的に語彙を増やしていくことが必要になってくる。

例えば、次のような学習があげられる。

①「かける」という言葉を使った文をたくさん作る。
③○○しいという言葉をたくさん集める。

これらは、向山洋一氏の有名な実践である。向山実践は、どの授業を切り取っても、語彙が増えていくような仕組みになっている。

平山諭氏は、『ＷＩＳＣ-Ⅲ発展編』（ＮＰＯ法人岡山教師力向上支援サークル）の中で、「単語」の項目が低い子に対する手立てとして次のように述べている。

「名詞」「動詞」「形容詞」の理解を高める。

具体的な学習として、

複数の単語を提示して、物語を作らせる。

をあげている。また、「知識」の項目が低い子に対しては、偶然ではなく、集中的に言葉を教えていくことが必要だと述べている。

具体的な学習として、

フラッシュカードを使う

ことをあげている。TOSSが推進している「一分間フラッシュカード」は、このような観点から見ても、非常に効果がある学習方法であることが分かる。

二　概念形成のために「類似」の力を伸ばす

言葉の概念を獲得させていくことなしに、国語の力はついていかない。

その力が分かるのが、「類似」の検査である。例えば、次のような問題が出される。

共通点はどこですか。

①タイヤ　―　ボール

②猫　―　ねずみ
③牛乳　―　ジュース

このように、二つの言葉の共通点を探していくテストである。論理的なカテゴリー的思考力が測定される。この能力を上げていくためには、例えば次のような力を上げていく必要があると平山氏は述べている。

①思考の柔軟性をつける
②類似点、差異点を探す
③分類や分析に慣れる

③は「分析・分類に慣れる」とある。「慣れる」ことが必要なのだ。このことからも、向山実践の凄さが分かる。

「かける」の実践に代表されるように、向山実践では「分類する」ことは、定番の学習となっている。また、「分析」に慣れるためには、当然「分析のものさし」が必要となる。分析批評の学習が、このようなところにも関与しているのは、驚きである。

②の中にある「差異点」は、まさに「対比の学習」そのものである。特別支援学級の子にも、この「対比」の学習をさせてみた。こちらが考えている以上に、最初はなかなか言葉が見つけられなかった。教えないとできないのである。

しかし、例示をあげて練習をさせていくと、どんどん言葉を見つけるようになった。類似点と差異点は、一見違うようであるが、実は同じカテゴリーの能力である。その証拠に、ＷＩＳＣの問題の中にもそのことが見てとれる。検査が進むと、次のような問題が出てくる。

ゴム　―　紙
最初　―　最後

これを見れば、「類似」には共通点とともに差異点も関わっていることが分かるだろう。実際に、「対比」を教えることで子どもたちの「共通点」を探す能力は上がっていった。

ＷＩＳＣの検査結果をどう学習に生かしていくか。これが今一番求められていることである。それは、ＷＩＳＣのことを知っているだけでは無理だ。

そのためには、多様な実践を知らなくてはいけない。まさに、ＴＯＳＳ教師の出番である。

3　低学年体育で感覚統合の考え方を生かす

一　感覚統合の考え方とは

体育は、文字通り「知徳体」の「体」の部分を担う教科である。学校教育の中で、体の成長や発達を促す大きな役割を担っている。この「発達を促進する」という観点が、学校現場ではあまり意識されていないように思える。

「子どもの発達」というのは身長・体重といった体の成長や、走る・跳ぶ・投げるなどの記録の伸びだけを指しているのではない。そのような目に見える部分ではなく、目に見えないところにこそ着目する必要がある。特に幼稚園や保育園から小学校の時期は、この目に見えない部分の発達がもっとも重要である。

例えば同じ六歳の子どもでも、縄跳びがすぐに跳べる子もいれば、何度練習してもぎこちない跳び方のままの子がいる。これらは、なぜ起こるのだろうか。表面上に表れているのは「跳べる」「跳べない」という事象だけである。しかし、原因は何なのだろうか。

このことを理論的に説明するには、子どもの体の中の発達を考えていく必要がある。そのためには感覚統合理論を学ばなければならない。感覚統合理論はアメリカの作業療法士、ジーン・エアーズによって提唱された。彼は、次の五つの感覚の脳内処理現象に焦点をあてた研究を行った。

①聴覚
②前庭覚（平衡感覚、筋肉の調節機能）
③固有覚（位置関係の機能）
④触覚
⑤視覚

例えば、視力が良いのによくぶつかる子は、自分の体の位置関係を把握する「固有覚」の発達が弱い可能性が考えられる。また、よく躓いて転ぶ子は、前庭覚の発達が遅れている可能性が高い。このように、目に見える状態の裏には、これらの感覚の発達の問題が隠れているということが分かる。この感覚の遅れや躓きが分かれば、それを伸ばすための支援ができるのは言うまでもないだろう。

作業療法士の福田恵美子氏は、『教育トークライン』（東京教育技術研究所二〇一六年四月号、六三ページ）で次のように述べている。

中枢神経系は可逆性がある。三歳から七歳ぐらいが感覚統合の発達にとって大切な時期である。

「可逆性がある」というのがポイントである。原因を予想し、正しい方策を立てることで発達を伸ばしていくことができるのだ。また、「三歳から七歳が大切な時期である」ことから、小学校体育が担う役割の大きさが分かるだろう。

感覚統合の理論を学ぶことで、私たちは運動の苦手な子を救うことができる。そして、苦手な子だけでなく、得意な子をさらに伸ばしていくことも可能になっていくのである。

二　低学年体育でアセスメントをする

感覚統合の考え方からすると三歳から七歳までは人間にとって非常に重要な時期である。つまり、低学年の時期にこそ、「感覚を育てる授業」を行う必要があることが分かるだろう。

ＴＯＳＳ体育は、法則化体育時代から、体育授業の重要な柱の一つとして「感覚作り」を掲げていた。例えば、「逆さ感覚」「腕支持感覚」「回転感覚」などである。これらは、まさに感覚統合の考え方と密接に結びついている。

このような感覚を育てていく必要性があるから、低学年体育は「○○遊び」という名称がつけられているのである。つまり、多様な感覚を身につけるような多様な動き、多様なプログラムが必要だということだ。

しかし、現状はどうだろうか。このような観点で低学年の体育授業を見てみると、全く的を射ていない授業が多すぎると感じる。

例えば、次のような授業が多く見られる。

①活動のたびに整列や集合をさせる。
②鉄棒であれば、一時間中鉄棒を行っている。
③準備運動がいわゆる体操のような運動になっている。
④中学年以上と同じようなサッカーなどのゲームが行われている。

①のように、集合や整列が増えれば、当然、運動量が少なくなる。感覚を育てるもっとも大切なこの時期には、できるだけ運動量を確保したい。

また、②のような授業では感覚は育ちにくい。感覚というのは、一度にたくさんの量をこなせば身に付くものではない。特に、鉄棒で必要とされる回転感覚や逆さ感覚などは、普段の生活でほとんど経験しない感覚である。

このような感覚作りには当然時間がかかる。だから、鉄棒の単元だけで練習させるのではなく、体育の時間のたびに、少しずつ鉄棒の時間を取り入れるようにするのが良い。従って、授業では「準備運動」→「おに遊び」→「鉄棒遊び」などというように、いくつかの運動を組み合わせるような進め方が望ましいと考えている。感覚統合の理論を学んでからは、特にこの考え方が強くなった。

また、③の準備運動の内容をしっかりと考えたい。単なる体操で終わるのではなく、多様な動きをこの準備運動に取り入れて年間を通して行っていきたい。私は、「ジャンプ」「けんけん」「かえるの足打ち」「ブリッジ」「手押し車」など多様な運動を一〇～一五種類程度、次々と行っていく。一年間たつと子どもの動きが大きく変わっていく。

全ての運動は感覚を鍛えることにつながっている。しかし、ただやみくもに運動をやればいいというものではない。大切なのは、どのような子にどんな運動が必要かという考え方である。そのためにも、感覚統合の理論を学ぶことが重要である。

福田恵美子氏は、前掲『教育トークライン』(二〇一六年四月号)の中で、幼児期に行う三つのチェックをあげている。

1 床に立っている状態から、両足が一緒になって跳べるか。両足がばらばらに動いているか。
2 着地する時、両足がばらばらに着地するのか、一緒に着地するのか。
3 跳んで着地した位置は元の位置か、前方か、側方か、後方か、斜め方向か。

1では、新生児や幼児に見られる原始反射の残存があると、床から離れないという。この対策として「リズミカルに歩くこと」をあげている。TOSS体育ではおなじみの「リズム太鼓」を使った運動は、まさにぴったりである。

2では、手足や左右の協調動作が上手く働かないことが原因になっている。対策としては、1と同様に「リズミカルに歩くこと」に加えて、音楽に合わせた上司の手遊びゲーム(おちゃらかほい等)があげられている。「リズム」や「音楽」を意識した「体ほぐし」のような運動も効果的であると考えられる。

3では、身体の中心軸が脳内にきちんと地図として描かれていないことを原因としてあげている。中心軸が描かれていないと体幹の安定性がなくなり、全身運動が苦手になることは容易に理解できる。そのための対策として、「手押し車」「足押し相撲」「手押し相撲」「V字運動」などが紹介されている。

準備運動などを通して、多様な動きを継続して行っていく。そして。福田氏があげるようなチェックポイントを教師自身が理解した上で必要な動きを選択していくことが大切である。

私は、特別支援を要する子どもたちに対して、「だるまさんが転んだ」の遊びをよく取り入れている。この遊びの中で、普段では経験しないような様々な動きが出てくるからだ。

例えば、「だるまさんがこ～ろ～んだ」と急にストップをかけた時に、動きを瞬時に止めるということが要求される。動くことは簡単であるが、動きを止めることは難しい。このストップが上手にできるようになってくると、動きのぎこちなさが減ってくることを実感している。

また、止まる時に、片足が上がった状態でバランスをとっているような状態が頻繁に出てくる。これも体幹や感覚を育てるのには良い。しかも、遊びの中で繰り返し行えるという利点がある。体育の授業の中でも取り入れていただきたい。

仲間と一緒に運動を行う時には、触覚の問題に気をつける必要がある。

感覚過敏の子どもは、ちょっと触っただけでも痛いと感じることがある。そして、そのような経験を重ねれば「怖い」と感じて運動自体を避けるようになってしまう。集団の中に入ることを自然に避けたり、仲間と一緒に運動を行う時に体や表情がこわばっている子は、感覚の過敏がないか観察した方が良い。

子どもは、相手の様子を見て、力の入れ具合をコントロールすることが難しい。楽しい活動を取り入れている場合など、興奮してやりすぎてしまうというケースも出てくる。

このような子がいた場合の対策を二つあげる。

① 教師がペアになって行う。
② 一人でできる運動をペアやグループで行う。

①は、力の入れ具合を調整できる大人が相手になることで安心感を与えることができる。その上で、運動に慣れさせていく。これは、その子自身の能力を伸ばすことに着目している。

一方で、別の効果もある。教師のやり方を真似させて周りの子の関わり方を伸ばしていくのである。このような環境が整わなければ、仲間と関わる活動が苦痛になってしまうのである。

②は、身体同士の触れ合いがない状態から、仲間と一緒にできる活動を始めていくというものである。例えば、「リズムを合わせて縄跳びをする」「ボールをつく」などがある。

このような個人の運動であれば、接触がないので安心して取り組むことができる。このような運動でも充分仲間と一緒に行う楽しさを体感できる。

さらに、発展として、友達と一緒に「マット運動」「跳び箱運動」を行うという活動も楽しい。

最初は、マットを並べてペアで前転をする。同じスピード同じリズムで回ることを目標にすれば、自然にペア同士の交流が生まれる。そして、ペアでの動きがシンクロしてくるにつれ、仲間と関わることの楽しさ、良さを感じるようになる。

私はその後の活動として、ペア同士をくっつけて四人組で前転をさせた。四人になるとなかなか動きがそろわない。そのような体験をさせた上で、「手をつないで回る」「手を友達と交差した状態で回る」「腕を組んで回る」といった身体接触を伴う活動につなげた。最初は身体接触に困難さがあった子が、みんなと一緒に楽しく活動できるようになった。

安心感とスモールステップがきわめて重要であるということが分かる事例である。

また、私は感覚過敏があると思われる子を担任した時には、どの程度の身体接触ができるかを見るようにしている。

まず、こちらから接触することは避ける。それよりも、子どもが自分から接触する方がハードルが低い。また、背中や肩などの体よりも、手のひらや指先の方が接触しやすいので、ハイタッチや指相撲など、子どもが自分の意思で接触するような機会を設ける。

いきなりは難しい時には、周りの子と遊んでいるところを見せて、自分もやってみようかなという気持ちになるまで待つようにしている。

①握手ができるか
②腕相撲ができるか
③指相撲ができるか
④ハイタッチができるか

どれかができれば、信頼関係ができるにしたがってだんだんと接触が可能になってくる。もちろん嫌がれば無理強いはしない。全員が行う中で、あるいは休み時間の楽しい雰囲気の中で行うようにしている。

4 視機能検査、視知覚検査で読み書きが苦手な原因を探る

一 読み書きが苦手な原因を探る検査

読み書きが苦手な子がいる。その読み書きの苦手さはどこからくるのか。その原因の可能性を教師は知っておくべきである。

読み書きであるから、「視覚」に関わっていることは分かる。しかし、それだけでは原因ははっきりと分からない。

それを測るために、次の二つの検査がある。

(1) 視機能検査
(2) 視知覚検査

視機能検査というのは、目の「見る能力」を測る検査である。一方、視知覚検査というのは、「外界の視覚情報を処理する力」を測る検査である。

どちらの検査も同じように思えるが、この二つの内容は違う。

この検査は、専門機関に行かないとできない。

しかし、その内容を知っていることで、何がどのように学習に必要なのかということが分かる。教師ならそのことは理解しておきたい。

二 視機能検査は「見る」力

視機能検査は、全ての「見る」能力を測定する検査である。

学校の視力検査では、ある限定された見る力しか測定できない。「遠くを見る力」と「片目ずつの見る力」の二つだけである。

しかし、実際の生活ではこの二つ以外の見方をしていることがほとんどである。日常生活では、通常、両目を使ってものを見る。片目だけということはあまりない。

また、遠くだけでなく近くのものを見ることもある。さらに、止まっているものだけでなく、動いているものも目でとらえる。

つまり、「全ての見る力」を測ろうというのが、視機能検査なのである。

項目は六つある。

①視力
②眼球運動能力
③調節能力
④両眼視
⑤視知覚
⑥目と手の協応動作

三　見るということの意味と必要な配慮

それぞれの項目について具体的に見ていくことは、実際の子どもたちが何に困っているのかを考える材料になる。

①視力

これは、簡単に言えば、ものをはっきりと見る力のことである。その中に、「近くのもの」「遠くのもの」の両方が含まれる。このことを知っていれば、近くのものが見えづらいのではないか。だとすれば情報量を減らしたり、大きなマス目を使う必要があるのではないかなどと支援の手立てを考えることが可能になる。

②眼球運動能力

視線を動かす力である。大きく二つある。一つは、ゆっくり動くものを見る「滑動性眼球運動」。もう一つは、すばやく視点を変える「衝動性眼球運動」である。これらは、ビジョントレーニングなどによってかなりの改善が可能になる。

学習の際の配慮としては、視点をあまり移動しなくても済むような学習スタイルが望ましい。例えば、いちいち黒板とノートとを往復しなくてもいいような学習の進め方などが考えられる。

③調節能力

これは、見ているものにピントを合わせる力のこと。近くのもの、遠くのもの、どちらかに苦手意識があるかもしれない。その場合には、指でその場所を指し示したり、言葉で指示したりすることが必要であろう。

④両眼視

両目のチームワークのこと。近くのものを見る時には、目は寄り目になる。一方、遠くを見る時には、目は平行になることが分かっている。その機能が働いていないと、効率よく学習や運動に取り組むことが難しい。その場合、ビジョントレーニングの必要がある。

⑤視知覚

これは、目から入った情報の処理や分析の機能を表している。例えば、目から入った情報を、人は「大きさ」「形」「重なり」などの点から瞬時に処理・分析をしている。

その力が弱いと、かな・漢字・図形などの認識が難しいということになる。その場合、ビジョントレーニングと並行して、なぞりなどの教材を意図的に組み込んでいく必要があるだろう。この内容については、もう一つの検査「視知覚検査」で詳しく分析ができる。こちらについては、次号で紹介したいと考えている。

⑥目と手の協応動作

目からの情報と協応して手を動かす能力のことである。学習や運動、作業などは、この目と手の協応動作を必要とする。これも意図的な訓練を必要とする。できるだけ毎日、楽しみながら経験をさせていきたい内容である。

必要だからといって、一度にたくさん訓練をさせようとすると疲れてしまうことが分かっている。そうなると、一切取り組もうとしなくなる可能性がある。特に、情緒的な課題を持っている子には、やらせすぎのないよう配慮したい。

四　LDとは何か

LDとは、学習障害のことである。

ここで知っておかなければならないのは、「学習障害というのは、学習遅進とは違う」ということである。学習遅進は、何らかの理由で勉強が遅れている状態をさす。例えば、病気で長年入院していたせいで勉強が遅れたということもあるだろう。また、不登校などの理由で学校に行けなかったということもある。

そのような、何らかの原因で勉強が遅れたという状態である。だから、障害ではない。

一方、学習障害は、障害である。話す・聞く・書くなどの能力のうち、ある部分が極端に能力が低い状態をさす。例えば、聞く能力が弱ければ、話している内容を理解できにくいということである。

このようなことを理解した上で、実際の場面で対応していかなければならない。

五　基本は、情報入力の確保

子どもたちが学校で勉強をする時、体のどの部分を使って、情報を理解しているのだろうか。

ほとんどが、次の二つのからである。

①目からの情報（視覚情報）
②耳からの情報（聴覚情報）

この二つのどちらかの情報入力が弱ければ、学習に困難をきたすのである。だから、教師はいつも次のことに気をつけていなければならない。

いつも「目」からも「耳」からも、どちらからでも情報入力ができるようにする。

例えば、指示を出す時、言葉だけで言ったのでは「視覚情報の入力が困難な子」は、理解しにくい。そこで、目からも情報入力ができるようにする。「教科書を出させる」のなら、教師も教科書を持ちながら指示をする。「三六ページを開かせる」なら、教科書のページのところを見せる。黒板にページ数を書く。

このように、どちらからも入力できるような配慮があれば、聴覚入力が弱い子でも、視覚入力が弱い子でも、学習に取り組むことができる。

六　板書で気をつけること

視覚入力の弱い子が困るのが、板書である。よく、細かい字でぎっしりと黒板を使う教師がいるが、これは視覚入力が困難な子を無視した指導である。

板書は、つめて書きすぎない。ゆったりと書く。

これが基本である。教師はいつでも、「パッと見て分かる」ような板書を心がけなければならない。

七　黒板を写させる時に必要なこと

教師が黒板に板書したことをノートに写させる活動がある。この時も、「はい、写しなさい」だけでは、視覚入力が弱い子は、学習についてこられなくなる。

そこで、次のようにする。

板書している内容を読ませる。それから、板書を写させる。

こうすれば、聴覚からも視覚からも情報を入れることになる。だから、ＬＤの子も学習に取り組むことができる。

八　赤チョークは使わない

「大事なところは目立つように書く」と、板書の仕方を教わった人も多いだろう。

しかし、赤チョークは使わないのが常識である。黒板は、緑色をしている。緑色に赤チョークで書いた文字では、見えない子もいるのだ。また、曇った薄暗い日には、色覚に障害がある子だけでなく、他の子も見えにくくなる。子どもたちは、ノートに赤鉛筆で書くが、教師が黒板に書く時は、赤でなくても構わない。

私は、「先生が黄色で書いた時には、みんなは赤鉛筆で書くんだよ」と言っている。四月の最初にそういう約束をしていれば、何も困ることはない。

チョークは、白と黄色を使うのが基本である。

九　教師はシューズを履く

スリッパを履いて授業をする教師がいる。これは何を意味するのか、考えてみれば分かる。

スリッパは、歩くとパタパタという音が出る。これは、聴覚入力を邪魔しているのと同じである。実際に、このスリッパの音がずっと気になっていたという子もいた。

教師はシューズを履く。これも常識である。

5　入力、出力を意識した指導で困り感が軽減する

一　入力・出力から学習を考える

子どもたちが学習する時の、脳の入力・出力の仕方を考えてみる。

入力は、主に次の二つ。

①視覚入力
②聴覚入力

①視覚入力は、目に見える視覚情報を脳の中に入れることであり、②聴覚入力は、耳から入る音声情報を入れることである。出力の方法にも大きく二種類ある。

①音声による出力
②書くことによる出力

①音声は、話したり歌ったりする出力の方法であり、②書くことは、文字であったり絵であったりする。これらを組み合わせて、実際の学習は行われていることになる。

二　視覚入力→脳→出力の組み合わせ

この組み合わせは、大きく四種類ある。

①視覚入力　→　脳　→　音声による出力

この代表的な学習は、「音読」である。何度も何度も声に出して読むことで、音読は上手になる。音読が上手になるということは、この回路が上手く流れるようになったということである。

②視覚入力　→　脳　→　書くことでの出力

これは、視写である。黒板を写すことも視写の力である。この視写の力は、「うつしまるくん」を使うことで、明確に測ることができる。

私は昨年度、全校で視写力調査を行った。その結果、一〇分間で一〇〇文字いかない児童が、どの学年にもいることが分かった。一〇分間で一〇〇文字書けないというのは、一分間で「私はごはんを食べました」という文が写せないということである。

また、視写を継続して行うことで、視写の力が確実に上がっていくということも分かった。文字を書くことが苦手な子には、このような視写を行う時間をカリキュラムの中に入れるようにしていけばいい。

三　聴覚入力→脳→出力の組み合わせ

③聴覚入力　→　脳　→　音声による出力

これは会話である。教師のよく行う指示は、「聴覚入力→脳」だけの回路である。だから、大事な指示は、自分の口で言わせるようにすれば定着しやすい。そうすることで、出力の回路も使わせることになるからである。例えば、「一行あけなさい」と言っただけでは、詰めて書く子がいる。椿原正和氏は、「一行あけ」と子どもたちに声に出させてから書かせていた。そうすると、間違いが圧倒的に少なくなる。

これも回路から考えると、意味がよく分かる。

④聴覚入力　→　脳　→　書くことでの出力

これは、聴写である。電話のメモや、何かをメモするといった日常生活でよく使う内容である。学校生活の中で、この聴写がどれだけ意図的に行われているだろうか。ほとんど意識すらされていないだろう。

しかし、そのような現状の中で、次のようなテストがある。

聞くテスト

しかも、全ての内容をメモするのではなく、内容を要約してメモしないと、良い点数はとれない。だから、私は次のようにしている。

連絡帳を書くのを聴写で行う。

連絡帳で書く内容は、限られた内容である。つまり、子どもたちの脳の中にあらかじめ入っている内容である。だから、耳で聞いた情報を書くという出力に変えることは、そう難しいことではない。この連絡帳を書くことでこの回路をトレーニングしていくのである。慣れてくれば、少しスピードを上げて負荷を強くしていく。また、授業中でも、聴写の場面を取り入れると良い。算数や理科の定義、テストの答え合わせなど、意識すればかなり多くの場面で使える。

このトレーニングの成果は、大きいと実感している。例えば、社会科見学に行って、説明をメモすることがある。その時、私のクラスの子どもと、他のクラスの子どもとでは、メモする量が圧倒的に違うのである。もちろん普段の学習の成果もあるだろうが、書いている姿に抵抗感が感じられないのである。

四　エラーレスラーニングで始める

連絡帳の聴写を始める時には、注意が必要である。それは、極端に書けない子への配慮である。その子は、「耳→脳→書く」という回路が上手く流れていない可能性がある。なので、他の入力方法で補助しながら、その回路を使わせていく必要がある。

最初は、視写と聴写をミックスさせて行うようにするのである。「一時間目　国語」と言ってから、黒板に書き始める。これは同時ではいけない。ずらすことで、苦手な子は「聴写＋視写」を、他の子は聴写をしていることになる。これで、どちらも望ましい学習が可能となる。

必要だからといきなり聴写から始めて、極端に書けない子がパニックになったという例もある。

聴写に限らず、子どもの状態をしっかりと把握して、エラーレスで取り組ませていくようにする。

「入力→脳→出力」を意識した手だてを行うことで、発達障害の子の困り感は、かなり軽減されていく。

五　自立のために必要な基礎学力

発達障害児が社会的自立のために必要な基礎学力とは何だろうか。

それは、小学校四年生までの「読み、書き、算」である。

杉山登志郎氏は、『発達障害の子どもたち』（講談社現代新書、二〇ページ）で次のように述べている。

> 新聞を読むことが可能なレベルの国語力と買い物とお金の管理ができる程度の数学力。

これは、日常生活が可能なレベルと示している。

本節では「読み、書き」という観点から考えてみることにする。

六　読むことは、入力・出力を考える

「教科書に書いている文章をすらすらと音読させる」ことを目安とする。

クラスの中で、極端に読むことの苦手な子がいないだろうか。これは、ＬＤが疑われる。口頭でのやりとり

はできるのだが、音読になると、急にできなくなるパターンが多い。

これは、脳への情報入力・出力という観点で考えてみると、分かりやすい。

口頭でのやりとりは、「音声情報」を耳から脳に入力して、「音声情報」を口から出力していることになる。

しかし、音読は、「視覚情報」を目から入力して、「音声情報」を口から出力していることになる。つまり、使っている回路が違うのである。だから、この音読で使う回路を鍛える必要がある。

例えば、教師が読んだ後に、ついて読ませる「追い読み」という学習が必要である。一度、耳から音声情報を入れて、それを頼りに視覚情報を入力していくのである。

また、文を先に暗唱させてから、文字を読ませる方法も効果がある。短い詩文などを耳から何度も聞かせ、言わせてみる。そして、全てを覚えた状態で、その文字を見させるのである。

つまり、脳の中に情報が入っている状態にしてから、「視覚入力→脳→音声出力」の回路を鍛えていくのである。このように、読むことは、入力・出力の回路を意識しなければ、学力の保証は難しい。

七　書くこと①　視写の力を測る

「うつしまるくん」という視写教材がある。この中に、一〇分間スピードチェックというページがある。

一〇分間で何文字、書くことができるかを測るのである。私は、このページを使って、子どもたちの視写力を毎年測っている。

では、一〇分間で、どれぐらい書ければいいのだろうか。

熊本県の海浦小学校で、かつて必達目標をかかげた研究が発表された。

その時の視写の目安は次の数値である。

学年×六〇文字

四年生では二四〇文字となる。さて、先生方のクラスでは、どの子がどの程度の視写力があるかご存じだろうか。前述のように、私が以前勤務していた学校で、全校の視写力の調査をしたところ、どの学年にも一〇〇文字未満の子がいることが分かった。

これは、「今日は、国語があります」という文を一分間で写せないということである。視写というのは、書くことの基本である。この力が弱ければ、黒板を写すこともできない。教師が個々の力を把握していなければ、基礎を身につけさせることなど不可能だろう。

八　書くこと②　聴写の力を鍛える

「何かを聞いてメモをする」という行為は、日常生活で非常によく使う。

これは聴写である。聴写の力は、どこでどうやってつけているのだろうか。考えてみてもらいたい。

学校生活の中で考えてみると、実はほとんどないのである。あったとしても、計画的にはほとんどなされていないのが現状であろう。それにもかかわらず、国語テストの中には、「聞くテスト」なるものがある。

発達障害の子の多くが、このテストで躓く。そこで、私は毎日、聴写の力をつける取り組みを行うようにしている。

連絡帳を聴写で書く。

連絡帳で書く内容は、ほとんどがすでに脳の中にインプットされている内容である。だから、低位の子でも聴写に取り組みやすい。その上で、授業の中でも聴写を意識して取り入れていくようにする。継続していくと、驚くほど子どもたちのメモする力は上がっていく。

九　語彙の力を上げる

杉山氏は、前掲書『発達障害の子どもたち』（六〇ページ）で、国語力の不足が与える影響について、次のように述べている。

> 国語力の不足が内省力の不足に直結し、悩みを保持することができず非行に走りやすい。

かつて担任した自閉症の児童は、語彙が増えるとともに、生活態度も安定していった。嫌なことがあっても、語彙の数が少ないために、それを上手く表現することができず、だんだんとイライラしていくのである。それで、友達に手が出てトラブルになることが多かった。

そこで、私は彼を毎日膝の上にのせて、お話をする時間を作った。彼が話すことについて、聞き手にまわった。説明が上手くいかない時には、一つ一つ聞き返し、話の内容を整理する。

また、想いが言葉にならない時には、推察していくつかの言葉を示し、選ばせた。このようにして、彼の想いが通じた時には、「そうか、そうか」と喜んで見せた。想いが伝わったことの喜びを感じさせるためである。

半年ほどたつと、彼のトラブルは激減した。語彙が増えていくとともに、落ち着いて生活できるようになった。基礎学力は、学習面だけでなく生活面にも大きな影響を及ぼすのである。

第4章

チームとして学校力を高める特別支援コーディネーターの仕事

❶「研修体制」と「専門組織の設立」は絶対不可欠
❷〈実物資料〉――ケース会についての共通理解事項
❸〈実物資料〉――タイムアウトの方法を共有する

新指導要領では……

障害のある児童への支援を、組織的計画的に行うものとしている。

「障害のある児童などへの指導
ア 障害のある児童などについては、特別支援学校等の助言又は援助を活用しつつ、個々の児童の障害の状態等に応じた指導内容や指導方法の工夫を組織的かつ計画的に行うものとする」

（小学校学習指導要領　第1章「総則」／第4「児童の発達の支援」／2「特別な配慮を必要とする児童への指導」／(1)「障害のある児童などへの指導」／ア）

本章では、私が特別支援コーディネーターとして校内の支援体制を構築していく様子をお伝えする。
また、近年、保護者とのケース会の需要が高まってきた。
子どもを支えていくためには、学校だけでも家庭だけでも充分ではない。
そこで、校内にケース会を行う際の規約を作成した。どのような規準で、どのような対応をしていくのか。学校には支援の軸が必要なのである。

1 「研修体制」と「専門組織の設立」は絶対不可欠

一　校内研修をシステムで運営する

毎月二〇～三〇分程度の特別支援教育ミニ研修を行っている。

年間一〇回程度の開催だが、年間でトータルすると三〇〇分、五時間になる。通常、五時間の研修時間を校内で確保するのは難しいが、細切れなら可能になる。しかも一回が短い時間の研修だから、職員も参加しやすい。

いくら良いことでも、新しく何かを始めることは、職員にとって負担になる。それは時間のやりくりだけでなく、気持ちのやりくりもそうである。その意味で、短い時間、そして「ミニ研修」というネーミングも効果がある。

研修は、次のように運営している。

①『特別支援教育だより』で内容を知らせる。
②ミニ研修（二〇～三〇分）
③翌日に『特別支援教育だより』で、研修内容を報告。
同時に、次回の内容を知らせる。

二　前もって問題を提示する

この研修システムの①②③は、どれも意味がある。

まず、「①『特別支援教育だより』で内容を知らせる」では、次のような問題を掲載している。

「運動会の作文を書きます」と言うと、固まってしまう子がいます。これはなぜでしょうか。どう指導すればいいでしょうか。

先に問題を出しておくことで、研修の前から問題意識を自然に持つようになる。「答えは何なのかな?」という意識で研修に参加するようになる。

答えは、研修の中で示される。だから、今日の研修で何をするのかが明確になっていることになる。

これが、「今日は何をするのかな?」という状態でやってくるのとでは、全く参加者の研修に対する意識が変わってくる。また、研修当日に出張等で参加できない人も答えに興味を持つようになる。

これも、次回からの参加意識を高めることに役立つ。

三　研修の最初は、復習問題から

次に、「②ミニ研修」。この研修の最初は、必ず前回の復習から始める。

研修会場に入ってきた時、スクリーンには次のような内容が提示されている。

★前回の復習です。セロトニン5を言ってみましょう。

①み（　　　　）
②ほ（　　　　）
③は（　　　　）

④ふ（　　　　　　　）
⑤褒める

このような画面を見て、みなさんならどのような思考をめぐらすだろうか。

参加者の多くは、「あてられる」とか「忘れているから復習しなくちゃ」というように考える。

だから、近くの先生と確認し合ったり、前回の研修内容が書かれている特別支援教育通信を見返したりしている。つまり、研修前から研修モードになっているのだ。それも楽しい状態の中で、である。

また、復習を研修の中に入れることで、次のような効果が生まれる。


一度学んだことなのに、答えられないという経験をする。


人間は誰でも、もう知っていると思うと、集中して聞こうとはしなくなる。しかし、知っていることと答えられることとはイコールでないことを体感すると、意識が変わってくる。

通常、復習は最低でも三回程度は必要だ。そうでなければ、専門的な知識や難しい用語が定着していかない。

また、研修では必ずアンケートを書いてもらう。そして、その感想を次号の特別支援教育だよりに掲載する。こんな研修をしてほしいという要望も掲載する。こういうツーウェイがあるから、当事者意識を持つようになる。

また、次のようなタイプの感想も載せる

今までの方法が、理にかなっていなかったことが分かりました。何となく効果がないと思っていましたが、脳の仕組みから良くないことがはっきり分かって、すっきりしました。

このような自分の体験を綴った文章は、人に伝わる力を持っているからである。

四　特別支援教育だよりの効果

最後は、「③翌日の特別支援教育だより」である。翌日に出すことで効果は倍増する。

まず、専門用語や難解な用語を研修でメモしなくて良いという利点がある。短い時間の研修で内容を詰め込めば、メモするだけで時間が終わってしまう。その心配がないから、研修の内容に集中できる。

また、職員室で、学年団で研修の内容が話題になることもある。研修に参加していない人が、参加した人に質問するような光景も見られるようになる。

研修の時間だけでなく、その前後を使うことで学習効果はさらに高まっていく。

このような一連の研修システムが、当事者意識を生み出すことにつながっている。

2 〈実物資料〉――ケース会についての共通理解事項

私は、特別支援コーディネーターをしたことがある。年間一〇〇件を超えるケース会があり、平日の放課後は全てケース会が入っているような状態であった。

大規模校であったため、担任も保護者も毎日違ってくる。そこで、ケース会についての共通理解事項を職員会議で提案した。

共通理解事項があったために、ケース会もスムーズに進んだ。

以下に、私が提案した文章を紹介する。

○○小学校　ケース会について（共通理解事項）

１ケース会について

ケース会とは、次の三つの会の総称を指す。

①校内のメンバーで行うケース会

②保護者を交えたケース会

③外部機関を交えたケース会

２校内のメンバーで行うケース会

（１）参加メンバー

当該学級担任、コーディネーター、学年団を基本とする。

必要に応じて、教育課程（一一‐〇一‐〇一）にあるケース会メンバーが入る。

（２）開催の条件

①原則として、担任・コーディネーターからの申し出があった場合。

②保護者を交えたケース会の前に必要な場合。

③該当児童の学力が極端に低い場合。

（例）市販テストで六〇点以下を継続してとっている児童。

3 保護者を交えたケース会

(1) 参加メンバー

保護者、当該学級担任、コーディネーターを基本とする。

必要に応じて、教育課程(二一-〇一-〇二)にあるケース会メンバーが入る。

(2) 開催の条件

① 保護者からの要望があった場合。

(家庭訪問、個人懇談などで、担任から希望があるかどうかを聞く。)

② 担任、コーディネーターから要望があった場合、保護者に会の開催を打診する。

③ 発達検査の結果、あるいは診断が下りた場合。

↓ ケース会を開催し、検査結果をもとに方針を共有化する。

※家庭との連絡は、原則、担任が行う。

(3) 医療機関の紹介について

① 今までの〇〇小学校の児童の実績から、主に次の三つの医療機関を紹介する。

【Aクリニック、Bクリニック、Cクリニック】

※紹介する医療機関は、一年ごとに見直しを図る。

② ケース会を開いた時には、多くの対応策の一つの情報として「医療機関の紹介」を行うことを原則とする。

③ 医療機関の紹介は、原則コーディネーターから行う。

（4）医療機関を勧める条件

①保護者から、受診についての意見を求められた場合。

①ケース会で医療機関を紹介後、困り感が改善されない場合。

4 外部機関を交えたケース会

（1）参加メンバー

外部機関、当該学級担任、副校長（教頭）、コーディネーターを基本とする。必要に応じて、教育課程（二－〇一－〇二）にあるケース会メンバーが入る。

（2）開催の条件

①副校長（教頭）、担任、コーディネーターからの申し出があった場合。

②校内ケース会、保護者を交えたケース会で必要だと判断された場合。

③外部機関からの要請があった場合。

※原則として、外部機関との連絡は副校長（教頭）が、家庭との連絡は担任が行う。

3 〈実物資料〉──タイムアウトの方法を共有する

次に示すものは、校内で提案したタイムアウトの方法を示したものだ。
タイムアウトとは、興奮状態に陥った子どもを落ち着かせるための手法である。
こちらは、職員会議ではなく、校内自主研修で提案したものだ。

タイムアウトの方法

○望ましくない行為をした時に、タイムアウトを行うことを事前に説明しておく。

1タイムアウトを行うことを宣言する。

「○○をしたのでタイムアウトを行います」

★1おだやかな声で目線を合わさずに、短い言葉でたんたんと言う。

2できるだけ何もない静かな部屋に連れて行き、椅子に座らせる。

★1年齢×一分間を目安にして、椅子に座らせる。タイマーがあればなお良い。

★2座るまで何度でも続ける。最初のうちは、カウンター（激しい攻撃）があることを指導者は理解しておく。

★3離席をしている時間はカウントしない。タイマーを止める。

3 指導者は、目線を合わさず、距離を少しとってタイムアウトが終わるまで待つ。

★1 刺激になるような音も声も出さない。問いかけにも応じない。

4 時間がきたら、なぜタイムアウトになったかを説明させる。

5 ここでできなければ、もう一度、2に戻り、タイムアウトを行う。

6 なぜタイムアウトになったかを確認する。

「○○をしたのでタイムアウトになりました。また○○したらタイムアウトになるので、気をつけてください。戻っていいですよ」と伝える。

★1 指導者は賞賛も叱責もしない。

第5章

家庭との連携を図り、子どもに力をつける

❶ 診断が下りるということは、その子を守るということ
❷ 子どもを大きく左右する保護者との対応
❸ 家庭学習も向山型だからうまくいく
❹ 保護者、クレーム対応の基礎基本
❺ よくなった状態で話をする

キーワードは、「学力」と「チャンス」

新指導要領では……

新指導要領においても、家庭との連携が繰り返し主張されている。

基礎基本の定着や、道徳教育においてなど、様々な場面で家庭との連携を図るようにとしている。特別な配慮を要する児童への指導としても、

「エ　障害のある児童などについては、家庭、地域及び医療や福祉、保健、労働等の業務を行う関係機関との連携を図り、（後略）」

（小学校学習指導要領　第1章「総則」／第4「児童の発達の支援」／2「特別な配慮を必要とする児童への指導」／（1）「障害のある児童などへの指導」／エ）

とあるように、家庭や関係機関との連携を重視している。

本章では、保護者とともに子どもを育て、力をつけていくためにしてきた実践を紹介していく。保護者にどのように話をするかということは非常に重要なテーマだが、ほとんど有効な手立ては示されていない。

もっとも重要なことは、「こどもの将来に向けて」という観点である。

具体的に、何を伝え、何を相談し、どのような話し方をするのかについて紹介する。

1 診断が下りるということは、その子を守るということ

支援学級や通級に不安を感じている保護者に向けて、次のような話をした。

一　診断を受けるということ

お子さんが診断を受けるということは、大変なことです。このことについて、「診断名がついても、それだけで何も変わらない」という声をよく聞きます。

しかし、学校現場では、少し違ってきます。診断が下りたお子さんには、学校は特別支援教育を行わなければならないとされています。その証拠に、どのような手だてを行っているか、その効果はどうだったのかということを教育委員会に報告するようになっています。ここがポイントです。学校は特別な支援を行うという責任を負うようになるのです。

ですから、正しい対応をしていなければ、堂々と学校への要求ができるのです。

つまり、診断が下りるということは、その子を守るということになるのです。

二　正しい方針が立てられる

特別支援教育について、ほとんど何も知らないというのが、学校現場の現状です。ですから、その子にとって、今やっていることが本当に効果的なのかどうか、全く手探りの状態で毎日の指導を行っているのです。

ところが、診断があると違ってきます。指導の方向性がはっきりと分かるからです。

例えば、耳からの入力が弱いと分かるとします。それが分かれば、方針が立てられます。分かりやすい板書

をして視覚からの情報を増やしたり、大切なことは何度か繰り返して指示したりするような配慮ができます。その子にとって、どういう指導がふさわしいのかが分かるということは、教師だけでなく、その子にとっても大きな意味を持つことになります。

三　学校現場の問題

学校現場での指導が上手くいかない原因の一つは、学校のシステムにあります。学校は、基本的に一年単位で担任が代わっていきます。長くても通常二年です。つまり、せっかく上手くいっていたとしても、担任が代われば環境や指導法が大きく変化することになります。これが問題なのです。私が何年か前に担任したお子さんで、診断が下りていたために、上手く引き継ぎができたケースがありました。新しい担任の先生と引き継ぎをし、今までの上手くいった方法をそのまま継続してくれることになりました。ところが、新しく赴任してきた同学年の先生が、今までと正反対の指導法を主張したのです。「できない時は怒鳴ってでもやらせる。甘やかしてはダメ。私は、そういうのが嫌いだ」そう言って、全部のやり方を変えようとしました。

それをストップできたのは、診断結果のおかげでした。それがあったために、しぶしぶと自分の主張を収めました。診断が下りていたために、その子を守ることができたのです。

2 子どもを大きく左右する保護者との対応

一 クレームの前に、もう一度事実の確認を

学校へのクレームで、「えっ？」と思うことがある。

事実と違うのだ。保護者の方は、子どもの話をもとにクレームを言われる。

しかし、子どもが、自分の都合の悪いことは伝えていないということがよくあるのだ。

例えば、「前の日になって急に遠足で弁当がいるという連絡があった。急に言われても困る」というクレームがあった。それは、もっともなことだが、実情は少し違っていた。

遠足のことは、月初めの学年通信でお知らせしていた。念のために、学級通信でもお知らせした。さらに、口頭でも、遠足について何度か話をした。連絡帳にも書いた。しかし、そのようなことは、一切伝わっていないのだ。プリント類は、カバンの中にぐちゃぐちゃになっていた。

「お母さんが怒っていて、言いだせなかった」とのことだった。

事実と違うのに、自分の親が担任にクレームをつけている姿を見るのは、子どもの教育にとって良いことと は思えない。こういう時の子どもの様子は、普段とは違うはずだ。もう少し様子を見ていただければ、普段と の違いに気づいたのではないかと思う。

今までにあったクレームのほとんどが、このような状況だ。

二 教師の説明責任、七項目

保護者との連携に必要なことを項目ごとにまとめてみる。

発達障害の子を持つ保護者に、教師として説明できなければならない「教師の説明責任」だと思われる項目を七つあげてみる。

①ＷＩＳＣの検査結果を説明できるか？（特性、指導、必要なこと）
②発達障害を脳内伝達物質との関係で説明できるか？
③医療期間などの専門家とつながることでどんなメリットがあるか。具体的な事例を用いて、説明できるか？
④逆に、医療機関などの専門機関につながらないことでのデメリットを説明できるか？
⑤発達障害と薬についての関係について説明できるか？
⑥医療機関のこと（受診の仕方、受診した後どうなるかなど）について説明できるか？
⑦通常学級と支援学級の違いについて説明できるか？

一番不安なのは保護者である。そして、一番子どもをサポートしてほしいのは、保護者である。だからこそ、教師の説明責任が必要となる。

三　校内体制で必要なこと

担任だけが対応するのでなく、学校全体で対応できるような体制作りが必要である。

①保護者を交えたケース会の開催。
②管理職、コーディネーターなど、責任ある立場の人とつなげる。

③担任は毎年代わる。学校の中に理解してくれる存在を増やす。
問題が起こった時だけケース会を開催するのではなく、定期的に行う。

四　保護者への連絡

保護者への連絡の仕方にも、工夫が必要である。

良くない連絡の仕方は、悪いことがあった時に連絡する、というものである。

一方、良い連絡の仕方は、次のようなものだ。

①良いことを連絡する。
②何もなくても定期的に連絡をする。

保護者への連絡のほとんどが、良くないことがあった時である。これを保護者の立場で考えてもらいたい。

学校からの連絡　＝　悪いことがあった

となる。保護者の中には、電話が鳴るたびに何かあったのではないかとビクビクしているという人もいる。

だから、学校は「良いことを連絡する」ということを意識して進めていくことが大切だ。向山氏の一筆箋の指導はまさにそうである。また、特別なことがなくても連絡する。そのことで、信頼関係を築くことができる。

そうは言っても、悪いことがあった時には、保護者に連絡をしなければならないだろう。その時に、どのようなことを伝えるか。

次のような事例では、どのようなことを伝えれば良いのだろうか？

友達と喧嘩になった。言い合いがエスカレートしていき、最後には手が出てしまった。かなり興奮していたが、何とかお互いに謝ることができた。

「悪いこと」だけでなく、「良いこと」「今後につながること」を伝えたい。

例えば、次のようなことが伝えられるかもしれない。

①興奮していたのに、最後は謝ることができたこと。
②自分の非を認めることができたこと。
③相手のことを許すことができたこと。
④その後は、切り替えて学習に参加できたこと。
⑤以前は、すぐに手が出ていたのに、今回は我慢しようとしていたこと。

結果だけを見れば、「トラブルを起こし、暴力をふるった」ということだが、細分化していけば、褒める材料も必ず見つけることができる。それを伝えるようにしていく。

五　トラブル指導

トラブル指導は、保護者にも影響を及ぼす。トラブルの際の保護者への接し方も基本的な考えは同じである。

〈良くない対応〉
①厳しく叱る。長々と叱る。

②感情的になる。

③以前のことを持ち出す（→「許した」ということが嘘になる。さらに、今回もまた次の時に言われると思うから素直になれない）。

〈良い対応〉

①トラブルは成長の機会、指導の機会ととらえる。

②感情的にならない。

③教師が気持ちを切り替える（→子どもも切り替えられる。教師は子どもの鏡。教師が感情を切り替えたという姿が、子どもの感情の切り替えに役立つ。「ミラーニューロン」の働きである）。

〈他の保護者との連携〉

トラブルは、成長の機会だということを伝える。→　その子、保護者への攻撃が減る。

六　良いことを保護者に連絡する

特別支援学級から交流できているA君がいた。保護者に成長したことを知らせ、成功した一例である。

A君はＡＳＤ。運動会で体育主任が全体にどなっているのを見て、「あいつ、ぶっころす」とパニックになるような子だ。

昨年も小野の学級に交流にきていた。対人関係にすごく恐怖をもっていて、常にマイナス発言。「どうせダメだ」「できないに決まっているから」「友達なんか一生できないよ」と言う。

昨年の最初は、教室の前の入り口から入ることができなかった。他の人に見られるともうダメなのだ。

時間に遅れてもダメ。後ろから隠れるように入っていた。

発表なんてとんでもない。ノートに考えを書く時も一回止まると、もうダメ。

エラーレスラーニングが、絶対条件だった。

保護者の方と本人の希望、そして特別支援学級主任の先生の強い希望で、今年も小野の学級に交流にくることになった。

その子が、昨日の道徳の時間に発表した。指名なし発表で、しかも二回だ。二回目には、なんと最初から四番目に自分から立って発表した。みんなの方を見て、大きな声で。昨年も途中からは発表できていたが、自分から、しかも最初の方になど、信じられない光景だった。

途中でストップさせて、A君のがんばりをみんなに紹介した。


「三年生の時は、発表しようとするとどきどきしてできなくなっていたんだよね。でも、今は、自分からクラスの最初の方で立って発表している。

これはすごいことだ。A君がずっとがんばってやろうと努力したからだね。

先生、とってもうれしい。A君は成長した」


そう言うと、周りの子も「すごい！」と口々に言っていた。A君もうれしそうだった。思わず涙が出た。

帰りに今日のできごとをメモで渡した。そして、放課後、特別支援学級の先生に伝えた。

先生も涙を流して喜ばれていた。そして、すぐにお家に電話をされていた。お母さんも本当に本当に喜ばれていた。

教師があきらめなければ、子どもは変わる。

強く確信した。

3 家庭学習も向山型だから上手くいく

一　学力Cランクの子

学力Cランクの子がいる。

漢字調査では、五〇問中で正解は七問。その正解も、形がひどく崩れている。鏡文字になっているものもある。LDが疑われた。引き継ぎでは、全体指導では無理。個別指導が必要だと言われた。

母親からの話では、三年生で連絡帳がまともに書けなかったとのこと。字が波線のようになっていて、何を書いているのか分からない状態だったそうだ。家で毎日、教えていても全然身につかない。ノートに練習をたくさんさせるのだけど、なかなか覚えられない。どうしていいのか途方にくれている。それがお母さんの言葉だった。

二　家庭学習をお願いする

子どもの状態によっては、学校だけの指導では、ついていくのが難しいこともある。

そういう時は、お家の人の協力をあおぐことになる。家庭訪問で、次のようにお願いした。

> 晩ご飯の前にでも、漢字を覚えているかどうかチェックしていただけないでしょうか。

スキルを見れば、何を勉強したか分かります。習った漢字を空中に書かせてみてください。覚えているかどうか、すぐに分かります。

実際に、空中に書いて見せると、母親は「すぐに分かりますね」とびっくりしていた。熱心な母親なので、すぐに「やってみます」と賛同を得た。

三　やりすぎに歯止めをかける

家庭での協力をお願いすると、ほとんどの親は、やりすぎてしまう。それで、子どもも苦しい、親も苦しい状態になって続かない。そこで、やり過ぎに歯止めをかけるための手だてをうった。

次の話をした。

一日にチェックする字は、二文字か三文字にしてください。これをやりすぎると、子どもも親も苦しくなって、続かなくなるのです。
一年間で習う字は、二〇〇字程度です。なので、一日に三文字やれば、二ヶ月半で一年分が終わることになりますね。だから、二文字か三文字で充分なのです。しかも、これなら一分か二分でできます。

このように話して初めて、やりすぎなくてもいいのだと安心したようだった。

四　もっとも大切なこと

最後に、もう一度、大切なことを確認した。それは、「ノートに書かせない」ということである。

絶対に、ノートに書かせないでください。空中に書かせてください。手軽だから続くのです。

覚えていたら、うんと褒めてあげてください。

間違えた字は、机の上に指で何度か練習させて、もう一度、空中でチェックしてください。

ここでもノートに書くのではなく、指で練習させてください。それなら、嫌がりません。


そして、「合格したら『いただきます』」とすると、習慣になりやすいことも付け加えた。

全て、向山氏の追試である。さっそく、その日から家庭での空書きチェックが始まった。

五　漢字テストで全てが変わる

家庭での空書きチェックの効果はすぐに出た。一週間後の漢字テストで、なんと八〇点をとったのだ。

その子にとって、このような点は初めてだという。点数を見て、自分でも興奮していた。さっそく一筆箋を書いて、持たせた。

次の日、保護者から長文の手紙が届いた。

テストの点数のこと、勉強が楽しいこと、学校が楽しいことなどを興奮して話したそうだ。そんな子どもの姿を見たのは、初めてだったとのこと。将来への希望が持てたと、お礼の言葉が綴られていた。

その子は、漢字テストの点で自信を持ち、全てが変化していった。家では自分から勉強机に向かうようになり、学校では手を挙げて発表するようになった。

母親は、「人が変わった」と、その様子を表現した。

家庭学習にもやり方がある。学校だけの指導では、この子の変化はなかっただろう。向山型だからこそ、生まれた事実である。

4 保護者、クレーム対応の基礎基本

一　事実＋αで伝える

子ども同士のトラブルを保護者へ伝える時、事実だけを報告してはいけない。基本的に、学校で起こったことは、学校の責任である。つまり、事実にプラスして次のことが報告では必要になる。

> 学校で行った指導

学校では、このような指導を行いましたということが必要なのだ。事実のみを報告するということは、家庭へ指導を丸投げしているのと同じになる。

二　報告するまでにしておきたいこと

保護者への報告までに、次の状態になっていることが望ましい。

> ①教師、子どもの両方が、一連の事実の確認ができていること。
> ②謝罪等ができて解決していること。
> ③それらの指導に、子どもが納得できていること。
> ④学年主任、生徒指導担当や管理職などがそのことを把握していること。

このような状態であれば、後々に引きずるようなことはない。

②までは、多くの教師が意識しているが、案外落ちているのが③である。謝罪等で解決していたとしても、子ども自身がそのことに納得していなければ、家庭で再度不満を口にする可能性が高い。そうなれば、新たなトラブルが生じてしまう。それは避けたい。また、担任だけの判断で行うのではなく、必ず上司や担当などに相談の上で行うことも重要だ。

私は、トラブルがあっても、その中で子どもの良いところ、成長したところを伝えるようにしている。トラブルは、保護者にとっても子どもにとっても成長のチャンスである。

5 良くなった状態で話をする――キーワードは、「学力」と「チャンス」

今まで、誰が勧めても首を縦にふらなかった保護者が、あっさりと専門機関への相談を受け入れた。担任して三ヶ月。児童相談所へ、A君の相談に行くことが決まった。

保護者が、相談を受け入れたのには、理由があった。それは、A君の状態が以前に比べて良くなったということであった。

一　毎日がトラブルの連続だったA君

教室にいると、A君はいつもトラブルを起こしていた。

「うるさい」「邪魔だ」と、友達のすることに、いちいちケチをつける。自分が何か言われようものなら、大変だ。「なんでだよ〜！」と絶叫し、授業中でもお構いなしに、暴れ回る。

前の学年でも、転校してくる前の学校でも、毎日がトラブルばかり。担任もお手上げの状態だった。

また、A君の学年は荒れていた。A君に対する周りの友達の言葉もひどかった。

「おまえが邪魔なんだ」

「うるさい、黙っとけ」

A君の目はつり上がり、いつもギスギスした空気が教室に充満していた。結局、たった一時間でさえも、A君が落ち着いて勉強に取り組んだことはなかった。

二　喧嘩両成敗で友達との関係を良好にする

A君が、クラスの中で受け入れられなかったのは、悪いことをしてもそれを決して認めようとしなかったからだ。喧嘩になっても、絶対に謝らない。いくら自分が悪いことをしていても、認めようとはしない。相手の悪いことを指摘し続ける。これでは、周りも納得しない。

そこで、向山式喧嘩両成敗を行うことにした。

> ①自分のしたことに点数をつける
> ②自分の悪いことだけ謝らせる
> ③謝ったことを褒める

これなら、素直に謝れた。一日に五回も六回もトラブルが起こったが、その都度、喧嘩両成敗で解決していった。相手に謝るようになると、友達の態度も変わってきた。A君が謝ることで、「こっちもごめんね」と、周りの子も謝れるようになった。

こうして、A君の表情も次第に和らいでいき、落ち着いて学習に取り組めるようになった。トラブルは起こるが、すぐに謝って解決できる。表情も穏やかになり、教室を抜け出すこともなくなった。

三　良い方向に向かっている今がチャンス

A君が良い状態になったことで、保護者に専門機関への相談を勧めることにした。悪くなったからではない。良くなったから相談へ行くことを勧めた。

専門機関への相談が実現するのは、大きく分けて次の二通りだと考えている。

1どうしようもなくなった状態
2よくなっている状態

多くの場合は、1である。こじれてこじれてどうしようもない状態で、相談に行くことになる。保護者も担任も子どもも疲れ切った状態だ。

A君の場合は違った。昨年までは、友達とまともに関わることができなかった。しかし、私が担任になってからは、そのようなことはほとんどなくなった。保護者もA君の変化は分かっている。だからこそ、聞く耳を持つようになる。そして、このような状態だったからこそ、A君のこれからについて、前向きな話ができた。

四　強調するのは「学力」

私が強調したのは、生活面ではない。「学力」についてだった。これから、A君に学力をどうやって保証していくかいう点について、話をするのである。
私は、次のような内容の話をした。その時の内容を一五にまとめた。

1 A君は、良くなってきている。
2 できるようになりたいというやる気があふれている。
3 このままでも学校生活は送れる。
4 ただ、学力面については、保証できない状態である。
5 A君にとって、何ができて何が苦手なのかを知ることで、A君に対する適切なサポートができる。
6 子育ての悩みが解消される。
7 子どもには、指導すれば良くなっていく時期がある。
8 今までに上手く行った例はたくさんある。
9 しかし、適切なサポートがないために、悪くなった例もある。
10 将来について、長いスパンで考える。
11 将来に向けて、今、何をすべきかを一緒に考えていく。
12 学校をあげてサポートする。
13 手続きは、全てこちらで行う。
14 相談は、決して特別なことではない。
15 保護者の話を聞き、受け入れる。

あくまでも、今より良くしたいという「プラス思考」での話である。学力をキーワードにすることで、保護者も相談を受け入れやすくなる。

五　今がチャンス！

一五の話を通して、保護者から、専門機関への相談の了承を得た。保護者の心を動かしたのは、「A君が良くなってきたという事実」であり、「学力面」での前向きな話であった。

そして、もう一つ大切な言葉があった。それは、「今がチャンス！」という言葉だった。保護者は、最後に「今がチャンス！ですよね」とつぶやき、相談を決意された。

子どもにとっても保護者にとっても教師にとっても、相談を「チャンス！」と前向きにとらえられるような取り組みが大切である。

六　家庭訪問で話したこと

気になるA君の家に、家庭訪問をした時のこと。お父さんも同席した。

お父さんも子育てに悩んでいたとのこと。いろいろと話ができた。途中、「どうして　あの子は急にキレるのか　理由が分からない」とお父さん。

これは、チャンスと思い、さっそく、脳の話をした。

イライラしたりキレたりするのは、自分の意思だけではどうにもならないことがあります。
脳の中に、気分が安定するホルモンが出るのですが、それが、出にくいお子さんも結構いるのです。
活発なお子さん、よく動くお子さん、興味あることが次々と出てくるお子さんに多いです。
それは、運動したり、楽しいことをすると出てきます。

しかし、興味のないことやじっとしたりするやり直しをするといったことには、そのホルモンが出にくいのです。だから、自分でせっかくがんばろうと思っていても、それが原因の場合には、自分でコントロールできないことが多いのです。

Ａ君がそのタイプかどうかは分かりませんが、もし、家でも同じようなことがあれば、専門家に相談されるといいと思います。

私が担当した子で、Ａ君の一〇倍ぐらい怒る子がいましたが、相談してその子に合った薬を調整してもらったおかげで、すっかりイライラがなくなりました。学級委員で活躍もしたし、名門野球部でも最後までキレることなくやり遂げました。

お母さんは、相談して良かったと今でも言われます。また、心配なようならいつでも相談してください。

四年生は脳が大人に近づく大事な時期ですから、この一年を大切にしていきましょう。

将来にむけて、この子の可能性をどうすればのばすことができるかを常に考えて指導していきます。

もし、キレたりイライラが続くようなら、こちらからも相談させてください。

一緒にがんばらせてください。

お父さんもお母さんも、しっかりと話を聞いてくれた。そして深々と頭を下げられ、よろしくお願いしますと話された。

医療へとつないでいくのも、私の大きな仕事だ。

この子の人生がかかっていることを強く強く感じた。

第6章

中学校区でコーディネーターの会を組織する

❶ 学校の実践を中学校区で研修する
❷ 保幼小中の連携で学区を変える

新指導要領では……

学校間の接続や連携も今回の指導要領では重要なキーワードだ。

「中学校学習指導要領及び高等学校学習指導要領を踏まえ、中学校教育及びその後の教育との円滑な接続が図られるよう工夫すること。特に、義務教育学校、中学校連携型小学校及び中学校併設型小学校においては、義務教育9年間を見通した計画的かつ継続的な教育課程を編成すること」

（小学校学習指導要領　第1章「総則」／第2「教育課程の編成」／4「学校段階等間の接続」／（2））

中学校区でコーディネーターの集まりがあった。

本章では、そこでの研修会での様子をお伝えする。

一つの学校だけで支援を考えていく時代は過去のものとなった。

幼稚園・保育園から小学校、中学校と、どのように発達を保障していくのかという視点をもつことで、それぞれの校園での支援が変わってくる。

数年かけてつくった中学校区での支援システムについて紹介する。

1 学校の実践を中学校区で研修する

一　中学校区での特別支援研修会

中学校区の特別支援教育コーディネーターが集まって、学期に二回の研修を進めていた。私の勤務していた中学校区はかなり大きな地区である。

・中学校一校（学年一〇クラス規模）
・小学校三校
　A校（学年五〜六クラス）
　B校（学年三クラス）
　C校（学年二クラス）
・幼稚園三園
・保育園五園

これらのコーディネーターが一堂に会して、学期に二回の研修を行っている。中心となって進めているのは、中学校のコーディネーターである。特別支援対応を校内に広げようとしている熱心な教師だった。

二　一年目の取り組み

会の成立の発端は、公的な研修会でのことだった。中学校区で話し合う時間が必ず設定された。このような会で、教育委員会からよく出されるのが、「中学校区での連携を密にとってください」という内容だ。そのことを活用して、発展させたのがこの中学校区のコーディネーター会である。

このことを柱に、コーディネーターで集まることを公的な研修の場で相談した。

1 会場は中学校。世話役は中学のコーディネーター。
2 会の目的は、中学校区での情報交換、研修。
3 派遣申請を出してもらって、学期に一回程度、出張で集まる。

以上のことを各自が各校の校長に口頭で伝える。その上で、中学校から派遣申請を出してもらう。さらに、その際、次のことも含めた。

2 保幼小中の連携で学区を変える

一 保育園にも参加を呼びかける

幼稚園は、市内の公的な研修会にも参加する。しかし、保育園は一緒に参加することはない。

幼稚園と保育園とは、そもそも管轄が違う。幼稚園は文科省であり、保育園は厚生労働省である。

管轄が違うということは、目標が違う。前者が「発達を促進する」というものであるのに対して、後者は「保育する」が目標となる。すなわち、同じ年齢層の子どもでありながら、行っている指導の内容が根本的に異なっているのである。

これは、諸外国ではどうなのであろうか。日本のように義務教育前段階の幼児が「保育園」「幼稚園」というように二種類の施設に通っているというのは、実は日本だけである。

また、ＯＥＣＤの報告からも分かるように、世界中の国々が幼児教育段階で義務化を進めている傾向がある。日本の六歳時入学に対して五歳時からという国もある。さらに、小学校入学前にプレスクールと称して義務教育が行われている国も欧米に多い。

以上のような特殊な環境が、日本の幼児教育の一つの問題を生んでいる。

保育園での保育内容のレベルがバラバラである。

このような状況を経て、小学校一年生に上がってくるのである。同じように保育園の出身でも、身のまわりのことはもちろん、読み書きの基礎を経験している子もいる。反対に、自分の好きなことだけしかやってきていない。もちろん読み書きなど何もしていない、読み聞かせもされていないような子もいる。このような状態から日本の義務教育はスタートするのである。これでいいのだろうか。

このことについて、先日の中央事務局検定で授業を提案した。一部講座でも扱う予定である。

「小学校入学時に、何ができるという前提で一年生のカリキュラムは組み立てられているのか」という疑問を、向山洋一氏は一年生を担任する前に疑問としてとりあげている。

当然、ひらがなの読み書きができないと学習内容についていくのは難しい。しかし、現状はそうはなっていない。

保育園の先生にも現状を聞いてみた。幼稚園の先生がやっているような研修はほとんどない。このように学ぶ場もないのである。

そこで、中学校区の研修では、小中だけでなく、幼稚園と保育園にも参加を呼びかけた。これが保育園も含めた全体の底上げにつながっている。そこで、何とか保育園にも参加いただけるような形をとりたいと考えた。教育委員会からの要望に応えた形であるから、どこからも反対は出ない。

第一回目の会では、とりあえず小野が実践を紹介することになった。ワーキングメモリーを中心に、具体的な演習形式で進めた。大好評だった。当然、その後の研修も小野を中心に進めてもらいたいということになった。ここまでが一年目。最後の会で、次のことが決まった。

1 来年度も会を継続すること。
2 回数を増やすこと。
3 会の最初に連絡会を持ち、情報交換を行う。会の後半で、小野の研修を行う。
4 研修には、コーディネーター以外の参加も認める。
5 以上を文書で持ち帰り、管理職に伝えておくこと。

さらに、勤務校に帰ってこのことを職員にも伝えることを確認した。

二 二年目の取り組み

次に二年目の取り組みである。その具体的な取り組みと影響を述べていく。

①校内での取り組み

小野は、勤務校でもミニ研修を毎月行っていた。研修のコンセプトは次の四つである。

1 月に一回程度一五〜二〇分程度の時間で行う。
2 研修では、障害の知識、具体的な対応、有益な資料や書籍の紹介を行う。

3研修は、強制ではなく自主参加とする。
4研修内容の資料は、全員に配付する。

自主研修だが、毎回三〇人以上の参加がある。席も前からどんどん埋まっていく。若手を指導する立場の学年主任や教務は毎回必ず参加している。主任が若手を誘っての参加という学年もある。

②中学校区での取り組み

この校内での研修内容を、主に中学校区の研修でも扱っている。そのことで、何が生じるかというと、次のことである。

中学校区の責任者が全員、同じ研修内容を受けている。その上で、同じ方向性で対応を進めようとしている。また、今年の研修では、コーディネーター以外の参加が目立ってきた。会場校である中学校からは、毎回三人以上の参加がある。また、一つの小学校ではサブのコーディネーターが必ず参加するようになった。

それを受けて保育園でも、複数で参加するところも増えてきた。夏休みの午後一三時から行った研修では、ある保育園からほぼ全員の参加があった（一五人ほどの参加）。このお昼の時間は、園児がお昼寝の時間ということもあり、比較的出やすいのだという。

また、保育園は幼稚園と管轄が違うことも前に述べた。保育園はこのような学びの場がほとんどないそうだ。しかも、経営に関することとつながるので、園によってどのような研修を行っているのかということはバラバラで、中には研修すらないところも結構あるのだそうだ。

しかし、園児の対応や保護者対応で非常に困っているという現実がある。そこで、集団で研修に来たのだという。多くの職員が同じ場で同じ内容を共有することは非常に意義があると話していた。

③中学校区の研修会の影響

中学校区で研修するようになり、コーディネーター以外の参加があるようになってから、次のような動きが生まれるようになった。

中学校区の研修で学んでいる内容を、自分の校園でも行いたい。小野に校内研修にきてもらいたい。

そのことで、次の学校園で研修を行った。

【昨年度】①中学校　②一つの幼稚園

【今年度】①中学校　②一つの小学校　③ビデオでの指導

昨年度は中学校と幼稚園に出かけて校内研修を行った。中学校は、今年、校長が代わったが、中学校区のコーディネーター会を見学され、すぐにその場で研修に来てもらいたいと直々の依頼があった。二学期に研修に行く予定である。

また、幼稚園での研修は一風変わった依頼だった。非常に気になる子がいる。指導に困っている。その子への指導場面を映像にとっているので、指導してもらいたい。研修会の内容を聞いた園長先生からの直接の依頼だった。

そこで、幼稚園に出向き、映像を見ながら逐一解説を入れていった。その上で、大きな改善点を一つだけ示し、全員でそのことを意識して関わってもらうようにした。

内容は以下のようなセロトニン対応である。

①不安傾向が出ている時の子どものサインを見逃さないこと。
②不安が出ている時には、受容し脳を癒やすこと。
③実際のセロトニン対応について、その場で演習。
④できたことだけではなく、やり直したこと・やり直そうとしたことを褒めること。
⑤対応の時の子どもとの距離が遠い。近くに行ってしっかり触れること。

どうなったか。一週間で改善が見られ、二週間で激変した。また、同時に不安傾向の強かった保護者も安定したという。さらに、その子への関わりをきっかけに、職員の対応が大幅に変わってきたという。全体が落ち着いたのだそうだ。

それを受けて、今年は様々な園から映像を見て指導してもらいたいという依頼が来ている。その対応を全員で学ぶという研修も行っている。

また、今年研修で行った小学校では、児童の荒れが問題になっており、そのことで「甘えさせてはいけない」「悪いことをした時には厳しい対応が必要だ」というような意識が強いという悩みをコーディネーターが抱えていた。そのことを意識して、発達障害は脳の問題であること、脳を改善していくこと、学校はソーシャルスキルを獲得していく場であることなどを中心に研修を進めた。反響が大きかったそうだ。

④中学校区での研修を勤務校に還元する

主に研修を行っている立場の小野にとっても、この中学校区の研修の意味は大きい。

中学校区で行っている内容＝中学校区で大事にしていこうとしている内容

学校は中からは変わりにくいが、このように中学校区で決まっていること、同じように取り組むことなどには、あまり抵抗はない。

同じように、中学校区では生徒指導担当の集まりがある。そこではかつて、「生活のきまり」などについて情報交換と各段階で重視することが決められている。このことについては誰も反対する人はいない。それを受けて、勤務校では学校全体で、各学年で使う学習用具などが決められている。当然、シャープペンシルなどは禁止である。このような経緯があるので、子どもから文句が出ることもない。若い教師もベテランの教師も同じように安定して指導ができる。

同じように、研究担当同士でも集まって議論している。特別支援担当も基本的にはその流れの中での取り組みである。しかし、指導内容などが具体的なのだから、影響は大きくなる。

だから、勤務校で取り組んでいることは、今は必然的にこのようになっている。

小野個人がやっていることではなく中学校区で同じ方向性でやろうとしていること。

だから、安定していくのだ。

かつて、初任で勤務した地区はこの中学校区の連携が非常に進んでいた。B級グルメで有名なひるぜん焼そばのある蒜山地区である。蒜山教育事務組合立八束小学校という珍しい教育委員会の形態だったが、二つの村(今は一つの町に合併)に一つの教育委員会があり、その地域に「高校」「中学校」「小学校二つ」「幼稚園」「保育園」があった。管轄は違っていても、全員が一堂に会して行う研修会が毎年行われていた。

また、異校園同士の授業交流や研究会も毎年行われていた。まさに、地域が一体となって、幼児から高校生までを教育していこうというスタイルができあがっていた。

今の中学校区での研修は、それに近い方向性に向かっている。大きな規模の学校が集まった中学校区でも以上のようなことが可能なのである。

⑤研修や取り組みは誰でもできる

「小野先生と同じような研修はできません」と言われる方がいる。しかし、そんなことはない。研修ではモノを用意することが大切である。そのモノを媒介にそれぞれの校園に帰って、大切な情報を伝達してもらう。声は消えるがモノは残る。

この夏に『特別支援教育　対応事例集』五冊セットが東京教育技術研究所から発売された。これは上記のような悩みを持つ人でも、校内で研修できるように作られている。小野もさっそく研修で扱っている。そのまま印刷して使えるようにできている。校内研修に最適のテキストである。活用をおすすめする。

【問い合わせ】東京教育技術研究所 http://www.tiotoss.jp/

三　入学式の様子を知らせる

以前、二つの入学式の支援をしたことがある。

勤務していた学校の入学式でのこと。

支援学級には三人の子が入学した。子どもたちは不安定で、列から離れてどっかに行ったり、奇声を上げたりしている。

その都度、その場に行って、

「体育館に行ったら、お母さんが来るからね」

「あと写真をとったら終わりだよ」

などと、背中をなでながら対応。何とか最後までもった。

二日目には、一人の子が校外へ脱走。すぐに、インターホンで職員室に連絡。対応してもらう。

お母さんが来て、その様子を聞いて涙ぐんでいた。


「みんな不安なんです。そんななか、一時間交流の教室に行ったというのがすごいことですよ。徐々にやっていきましょう。小学校は六年間での成長を考えますから」

そうやって、安心をあたえる。そして、協力をお願いする。点ではなく線の指導が大切だということを入学した時から学校が意識する必要がある

一方、中学校の入学式。卒業した子たちのために、春休みに頻繁に引き継ぎの電話をする。前日、当日、二日目、全てコーディネーター同士で、対策を確認していった。

同時に、保護者の願いや不安も引き継ぎをする。保護者もとても喜ばれていた。

「中学校の先生方が、みな本当によく配慮してくださいました。ここまで なかなかしてくれる学校はないですよ」と伝えた。

卒業した子たちは、みな入学式に参加し、交流学級での活動にもスムーズに参加できたそうだ。

引継ぎの重要さが、再確認できた事例である。

第7章

幼児期からの教育で小一プロブレムをなくす

新指導要領では……

小中の接続とともに、もう一つ重要なのが保幼小の接続である。

新指導要領で新たに加わった「前文」の結びとして、次のように述べられている。


「幼児期の教育の基礎の上に、中学校以降の教育や生涯にわたる学習とのつながりを見通しながら、児童の学習の在り方を展望していくために広く活用されるものとなることを期待して、ここに小学校学習指導要領を定める」

（小学校学習指導要領「前文」）


幼児期の教育について研究したことがある。

乳幼児教材作成を通して、「小一プログレム」の原因が分かってきた。

幼児教育の大切さはもっと強調されるべきだと考えている。

「何歳で何ができのか」

「小学校入学時に何ができていないと困難さを生むのか」

「この子の発達はどこが躓いているのか」

そのような視点が、小一プロブレムの解消には必要になってくる。

1　小一プロブレムの原因・対応策

一　小一プロブレムの原因・対応策を探る

一年生の教室が大変だ。おしゃべりが止まらない、先生の話を黙って聞けない、席を離れてうろうろと歩き回る、気に入らないことがあると友達に暴力を振るう。

このような光景が、明らかに以前より多く見られるようになった。かつては、高学年で多く起こっていた学級崩壊が、一年生の教室でも起こるようになってきた。

この原因として、多くのことがあげられている。

例えば、保護者のしつけの問題。ひらがなが書けない、読めない子が入学してくる。これでは、小学校の学習に最初からついていくことができない。だから、学習に取り組まなくなる。

また、幼稚園や保育園で必要なことを学んできていないという指摘もある。我慢すること、席について作業することなどを学んでいなければ、小学校で荒れてしまうのは仕方がないことだろう。

他にも、地域の問題、幼稚園・保育園と小学校のカリキュラムが違いすぎるという問題、小学校教師の力量の問題など、その原因とされていることは多岐にわたる。

そんな中で、クラスの荒れは、発達障害の子が原因になっていると指摘する声が聞かれるようになった。落ち着きがない子が、クラスをかき回す。その子のせいで、周りの子も同じような生活態度が見られるというのだ。

また、現場で指導していると、発達障害の子が明らかに増えてきたと実感する。そのことが、学級が荒れてしまう原因になっていると指摘する声もある。

小一プロブレムの問題は、重要な問題として、どの学校でも認識されている。しかし、そのことに対して具体的な対応策は、ほとんどないのが現状だ。そもそも、何が主な原因なのかということすら確定できていない。

また、発達障害の子にどのような影響が出るのかということについても、整理できていない。

以下、問題点と対応策について述べていく。

二　何が小―中のギャップになっているのか

かつて、卒業させた発達障害の六年生の保護者の声が忘れられない。

中学校の先生から、こう言われたのだという。

「中学校は、小学校とは違います。そこまで個別に対応することはできません」

本当にそうなのか？　その男の子には、様々な支援が必要だった。しかし、その支援がなければ集団の中では、トラブルばかりが増えていく。小学校では落ち着いて学習に取り組み、トラブルも激変した彼が、中学校ではたびたびトラブルを起こすようになったという。このような事例は、少なくない。

小学校と中学校の間には、埋められない大きなギャップが存在する。もっとも大きな違いは、「教科担任制」である。では、教科担任制になるとどんなギャップが生まれるのだろうか。

まず、「授業に関するギャップ」がある。教師によって、授業の進め方・学習のルール・ノートのとり方・準備物などが全て変わってくる。

このことの大変さは、小学校教師なら分かるだろう。例えば、もっとも簡単な学習用具のルール一つとっても、定着させるまでには多大な労力を必要とする。それが、教科ごとにころころと変わるのだ。そのペースに合わせることが苦手なのが、発達障害の子どもたちである。学習に見通しが持てない状況では、学力の定着に困難が生じてくる。

また、授業に関連して大きな問題となるのが、「宿題のギャップ」である。

まず、教科ごとの量の配慮がない学校が、非常に多い。つまり、ある日や時期には、非常に多くの宿題が集中してしまうことになる。小学校では、無理のないように担任が量を調整する。社会で宿題が出た時には、算数を減らすなどのようにである。しかし、中学校の多くでは、そのような配慮がない。

また、提出日が重なる。できない子へのフォロー体制なども充分ではない。これは、小学校側からすれば、信じられないことである。

他にも、テストの問題があげられる。中学校のテストは、多くが教師の自作である。ある学校の中一のテストを見せてもらって、小学校とのあまりの違いに驚いたことがある。

文字は細かくてびっしり。大人でも見にくい。また、問題と回答欄とが別々で、しかも分かりにくい。これでは、問題が分かっていても、書く場所を間違えて、不正解になることが続出するだろうと予想できた。

ここで述べたのは学習面だけだが、生活・行事・部活など、小中のギャップは非常に大きいものがある。

小一プロブレムと同じように、中一ギャップについても、小学校・中学校の両方の立場から、何が問題でどう対応していくのかを研究していきたい。

この時期の不登校・いじめ・学習の遅れは、自立や進学・就職にも直接影響していく。その対象になりやすいのが、やはり発達障害の子どもたちである。

2 子どもの発達というものさしで考える

一　子どもの発達段階という軸で考える

保幼・小学校・中学校という人為的な区割りを取っ払い、発達という軸でとらえると、次のような視点が生まれてくる。

やり残した発達段階はいつまでも「しこり」として残る。

例えば、親に暴力を振るわれていた子どもは、大人になって家庭内暴力を振るう場合が多い。暴力はしこりとなって残ってるのだ。

モンテッソリーは、幼児期を幼児前期と幼児後期に分けている。この幼児後期に必要な発達段階をやり残したとしたらどうだろうか？　小学校低学年でもっとも重要な指導は、このやり残した発達を取り戻すことになるだろう。

二　子どもの発達を幼小連携のものさしにする

子どもの発達を見ていくと、「保幼」→「小学校」→「中学校」のつなぎの部分で多くの問題があることに気づかされる。小一プロブレムに代表されるように、「幼小連携」が上手くいかない理由として、

共通した発達のものさしが存在しない。

このことが大きな問題なのではないだろうか。

幼小の引き継ぎの際、現在どのようなものが使われているだろうか。これも県や市町村が変われば様々である。

例えば、問題行動◎○△などの表記、その詳細を記述で書くという方法がある。また、個別の指導計画のように、実際にどのように指導していたのかという書類での引き継ぎもある。発達障害の有無、特性の引き継ぎもあるだろう。

しかし、もっとも肝心の「発達」に関する引き継ぎがないのは盲点である。

現在の問題の本質を、この「子どもの発達」という観点は教えてくれている。

3 小学校に入って問題行動を起こす子の行動と原因

一 発達を知れば指導は変わる

一年生に入学してきて、ひらがなが書けない子がいる。この子にどのような指導が必要なのだろうか。

この時に、指導の一つの指標になる検査がある。

ビーリーの検査

図形の描画と発達との関係が分かる検査である。なぜ、このような検査が指標になるのか。

ひらがなは、様々な線で構成されている。だから、次のような視点が生まれる。

どのような線が書ければ、ひらがなが書けるのかという視点。

だから、ひらがなの構成に必要な線が書けないと、ひらがなを形通りに書くことはできないのである。

これは、ごくごく当たり前のことであるが、なぜか教師のほとんどは知らない。

では、問題を出してみる。

①ひらがなを書くためには、どのような線（形）が描ければいいのか。

この問いに答えられれば、入門期の子どもを指導する条件を一つクリアしたと言えるだろう。知らなくても、ひらがなの形を考えてみれば、想像はつくだろう。考えてみてもらいたい。

ひらがなを書くためには、少なくとも次の五つの形が書けなければいけない。

① ＋
② ○
③ □
④ ×
⑤ △

さらに、次の問題を考えてもらいたい。

① 「△」が書けるのは、発達年齢で言うと、何歳何ヶ月なのか。

それぞれの線や形が、何歳何ヶ月で書けるのかが、すでに分かっている。

△が書けるようになるのは、「五歳三ヶ月」である。だから、小学校入学時から「ひらがなを書く」練習をするのは、理にかなっていると言える。

しかし、この発達年齢を知れば、問題点も同時に浮かんでくるはずである。これも考えてもらいたい。

二　五歳三ヶ月が示す問題点

小学校入学年齢を六歳とすれば、五歳三ヶ月という数字は、ある問題を示していることになる。

発達の遅れている子は、そもそもひらがなが書けるようにまで、発達していない。

分かりやすくＩＱで考えてみる。例えば、ＩＱが九〇というのは、概ね生活年齢の九〇パーセント程度の発達だととらえられる。六歳×〇・九（九〇パーセント）なら、五歳四ヶ月〜五ヶ月程度となる。つまり、ひらがなが書けるぎりぎりの発達ということになる。

発達は様々な分野に分かれるため、一概にＩＱで比べることはできないが、趣旨は理解していただけると思う。

ＩＱ九〇以下の子の中には、当然、発達年齢をクリアしていない子はいると考えるのが妥当である。このような状態の子に、周りと同じように指導していていいのだろうか。

このようなことを知っているかどうかで、指導の仕方は全く変わってくる。

三　入門期に必要な指導

ひらがなスキルの最初のページは、どのようになっているだろうか。

いきなり、最初からひらがなを書かせることはしない。最初は線なぞりから始まっている。これは当然、「ひらがな」は、「線の集合体」という概念があるからである。

このような概念があれば、教材の見方が変わってくる。ほとんどの教材で線なぞりのページがあるが、なぞる線は何でもいいわけではない。だから、教材を見る時、このような視点がないといけない。

①どのような線をどのような順番でなぞらせるか。
②なぞらせた後に、自分で模倣して描く練習があるか。

四　漢字も線や形の集合体

ひらがなと同じように、漢字も線や形の集合体である。

そうとらえると当然、次の問題にたどりつく。

③漢字を書くためには、どのような線（形）が描ければいいのか。

これも分かっている。ひらがなの線に必要な五つの形が描けるだけでは不充分である。漢字を書くためには

◇が描けなければいけない。なんと、これは「八歳七ヶ月」なのである。漢字の書きを学習するのは、一年生の二学期であるから、相当ハードルが高いことが分かるだろう。

もちろん、◇の形を必要としない漢字も多くある。最初のころに出てくる漢字は、そのようになっている。

このように考えると、漢字が苦手な子には、線や形の「なぞり」→「写し」の学習が必要ということが分かるだろう。

また、漢字を構成する基本になる漢字を、まずしっかりと書けるようにさせるという方法もある。これ以上分解することのできない漢字のことを「基本漢字」と言う。例えば、「人」「口」「手」などである。これらは、全部で一〇一あると言われている。これらを組み合わせていくことで、画数の多い漢字も書けるようになっていく。

ひらがなの指導でも、漢字の指導でも、「発達」について知っていれば、指導は大きく変わってくる。発達に基づく指導は、体力勝負の学習と対極にある指導である。

4 愛着障害への対応は難しい

一 良い状態で次の学年に送る

私は、担任したほぼ全ての発達障害の子を、良い状態にして次の年に送ってきた。

良い状態というのは、ただ単に上手く対応できたということではない。

①充分な学力をつける。
②基本的な学習習慣をつける。
③基本的な生活習慣をつける。
④対人関係を良好な状態にする。

例えば、漢字・計算は九〇点以上。宿題にも取り組む。後片づけなどを自分でできる。トラブルになった時、謝ることができる。こういったことを、どの子もできるようにしてきた。

二 愛着障害の子の相談事例

しかし、愛着障害の子への指導は難しかった。

次の事例は、セミナーで相談を受けた事例である。


キレた状態になると、別人のようになる。目がつり上がり、刺激になるものにあたり散らす。友達への暴力も当然ある。誰がしても、キレをなくす状態にもっていくことができなかった。この子がキレる状態になったのは、父親からの暴力が原因だった。

診断は受けていないが、明らかにADHDの傾向がある。幼いころ、遊んでほしいので、とにかくしつこく父親にまとわりついていたそうだ。それを父親は邪魔に感じて、手を払いのけるようにその子を遠ざけた。その子にしてみれば、邪魔者のように拒否されたわけだから、ショックは大きかったはずだ。

さらに、悲劇は進む。その子に弟ができた。父親は、弟にはやさしく接したそうだ。弟には、兄ほどのしつこさはない。自分は拒否され、厳しくされているのに、弟にはやさしく接している。

「ぼくはお父さんに嫌われているんだ」と私にぼそっとつぶやいたことがあった。父親は、「長男だから厳しく育てた。その分、何でも長男を優先して育ててきた。買う物も長男にお金をかけてきた」と話していた。

学校では、機嫌が良い時には、膝にのってベタベタしてきた。そのベタベタ具合が、反応性愛着障害を見事に表している。体と体の隙間が全くないぐらい、ぴったりとくっついてくる。

愛情を、そして居場所を求めていたのが痛いほど伝わってくる。

この子が学校で問題を起こした時、その対応が難しい。家庭に電話すると父親から鉄拳制裁を受ける。だから、どんなに学校で反省しても、家に連絡されると分かった瞬間に「もうダメだ」と、またキレてしまう。そして、次の日は目がつり上がった状態で登校する。その繰り返し。

母親も、怒り出した父親を止められない。だから、父親には本当のことを告げられない。病院等への相談が必要なことは分かっているが、それを伝えた時の父親が怖いので、前に進めなかった。

私はこの相談に対し、トラブルがあった時でも、良いところを必ず伝えるようにアドバイスした。

このような事例にどう対応するべきだろうか。

例えば、キレて教室を飛び出した事例には、次のように対応する。

①今日は、自分から悪かったことを認められたんですよ。

②キレて飛び出した後、いつもなら一時間ぐらいクールダウンが必要だったのに、二〇分も早く戻ってこれたんですよ。

③キレたあとの時間に、ちゃんとノートをとっていました。

このように伝える。そして、母親にはこうお願いする。

トラブルがあった時、ただ叱って終わるのが一番いけません。長い成長のスパンでとらえましょう。トラブルを成長への学びにしていきましょう。

愛着障害の子どもが自立できるように、トラブルをチャンスととらえて指導できるように伝えた。
こういった事例には、保護者との連携が不可欠なのである。

あとがき

新しい学習指導要領が示された時、日本もやっとここまで来たかと感じたのを覚えている。「学習活動を行う場合に生じる困難さに応じた指導」という言葉は、それほどインパクトが強かった。どの学校のどの教室にも、この「困難さ」は見られる。

かつて勤めた学校では、この困難さの解消のために保護者とのケース会を年間一四〇回近く行っていた。そして、そのケースの多くは、「困難さに応じた指導」を行うことで改善していった。

このことから、

指導の方法によって、困難さは増えることもあれば、減ることもある。

ということは明らかである。

しかし、この困難に応じた指導というのは、言葉でいうほど簡単なものではない。それを実現しようと思うと、脳科学、医学の知見が必要である。さらに、それだけでは上手くいかない。実際にどのように指導するかという教育の知識・技能も必要だからだ。

このように考えると、本当に「困難さに応じた指導」などできるのかと思ってしまうのではないだろうか。

私は、全国各地で講演をする機会が多くある。その際、各地で出会った先生方と話をすると、現場の「不安感」を強く感じることが多い。いったいどうしたらいいのか。目の前の子どもたちに何をどのように指導したらいいのか。そういった不安感である。新学習指導要領が出されてから、学校現場には希望が差すどころか、ますますそういった不安が増えているように感じていた。

そのような中、学芸みらい社の小島氏から、新学習指導要領に対応した具体的な解決方法をまとめてもらいたいという依頼を受けた。現場の不安感を少しでもなくすような希望が見えるような本を作りたいという想いは、まさに私が考えていた方向性と同じだった。

本書に出てくる事例は、今までに私が指導したり、指導のアドバイスをしたりしてきたものである。実際に指導した子どもだけでなく、アドバイスで関わった子も入れると、事例は数百にのぼる。その中で、子どもが特定できないように、学年等のパーソナルな情報や、事例に出てくる周辺情報を一部変更していることをご了承いただきたい。

私の実践のベースは、全て向山洋一氏にある。向山氏の実践から、目の前の子どもたちへの指導の手がかりを見つけてきた。そして、そこに医学・脳科学の知見が加わっていった。なぜ、この指導が上手くいったのかということを脳科学の知見で確認していったのである。

指導の原理原則が理解できたおかげで、ある子への上手くいった指導を他の子へと転化していくことができるようになった。そのきっかけは、故・平山諭氏との出会いだった。平山氏の理論は、今こそ学校現場が必要としているものである。その理論をベースにした実践を今後も発信していきたい。

また、本書の提案から完成まで、常に叱咤激励いただいた小島直人氏に深く感謝申しあげたい。

小野隆行

著者紹介

小野隆行（おの・たかゆき）

1972年9月、兵庫県生まれ。香川大学教育学部卒業後、岡山県蒜山教育事務組合立八束小学校に着任。岡山市立南方小学校、芥子山小学校等を経て、現在、岡山市立西小学校に勤務。新卒で、向山洋一氏の実践に出会い、授業を追試することで目の前の子どもたちがみるみる変わることを実感する。その時から、すぐれた実践を追試する日々が続く。

27歳で師匠である甲本卓司氏に出会う。自分との圧倒的な「子どもの事実」の差に衝撃を受け、指導を願い出る。甲本氏を代表とするTOSS岡山サークルMAKの立ち上げに関わり、以来、サークル活動を継続し、現在はTOSS岡山代表も務めている。

20代で発達障害の子と出会い、自分の指導を根本的に見直す必要に迫られ、そこから、多くのドクター・専門家と共同研究を進め、医学的・脳科学的な裏付けをもとにした指導を行うようになる。同時に、発達障害の子を集団の中でどのように指導していくか、さらに学級全体をどのように組織していくかを研究テーマにした実践を20年近く続けている。

現在は、特別支援学級の担任を務める。また、勤務した学校では特別支援教育コーディネーターとして校内の組織作り・研修体制作りなどにも関わり、毎年20近くの校内研修・公開講座で講演。NPO主催のセミナーでも多数講師を務め、指導的役割を担っている。

著書に「トラブルをドラマに変えてゆく教師の仕事術」シリーズ——『発達障がいの子がいるから素晴らしいクラスができる！』『特別支援教育が変わるもう一歩の詰め』『喧嘩・荒れ とっておきの学級トラブル対処法』、また共著に『発達障害児を救う体育指導——激変！感覚統合スキル95』（いずれも学芸みらい社）がある。

トラブルをドラマに変《か》えてゆく教師《きょうし》の仕事術《しごとじゅつ》
新指導要領《しんしどうようりょう》に対応《たいおう》した特別支援教育《とくべつしえんきょういく》で学校《がっこう》が変《か》わる！

2018年1月31日　初版発行

著　者　小野隆行
発行者　小島直人
発行所　株式会社 学芸みらい社
　〒162-0833 東京都新宿区箪笥町31 箪笥町SKビル3F
　電話番号：03-5227-1266
　FAX番号：03-5227-1267
　HP：http://www.gakugeimirai.jp/
　E-mail：info@gakugeimirai.jp
印刷所・製本所　藤原印刷株式会社
ブックデザイン　小宮山裕

落丁・乱丁本は弊社宛お送りください。送料弊社負担でお取り替えいたします。

ISBN978-4-908637-59-9 C3037